択一式トレーニング問題集の使い方

1 本書の位置づけ

　択一式トレーニング問題集は、科目別講義テキスト※1に準拠した問題集です。おおむね過去15年間の本試験問題とオリジナル予想問題を、一問一答の形式により、テキスト項目の順に網羅的に出題しております。択一式試験対策の主要教材としてご活用下さい。

2 仕　様

〔1〕出題問題

　科目別講義テキスト※1の内容に対応するおおむね過去15年間の本試験問題とオリジナルの予想問題です。

〔2〕出題形式

　問題を左ページ、解答・解説を右ページとする見開きの構成により、一問一答形式で収載しております。

※1　科目別講義テキストは、資格の大原社会保険労務士講座受講生専用教材です。科目別講義テキストのみの一般販売はしておりません。

〔3〕表示の意味

> 📖**左** **問題ページ**
> ❶**問題番号**
> ❷**出題元**：令0501B…令和5年試験問題の問1Bの問題であることを示します。
> 　　　　　ОR…オリジナル問題であることを示します。
> ❸**新**：直近の本試験問題
> ❹**チェック欄**：チェック欄は、問題の習熟度合を図る目安として活用下さい。
> ❺ ┌ ☆ ：科目別講義テキスト※2の「☆」に関連する優先順位の低い問題である
> 　　　ことを示します。
> 　└ **改正**：今次の改正が関連する問題であることを示します。

左ページ

第3節　労働憲章

❶　　❷　　❸　　❹　　　　　❺
問題 025　令0501B　新　☐☐☐☐☐☐☐　☆　改正
　労働基準法1条にいう「労働条件」とは、賃金、労働時間、解雇、災害補償等の基本的な労働条件を指し、安全衛生、寄宿舎に関する条件は含まない。

問題 026　令0301A　☐☐☐☐☐☐☐　☆
　労働基準法1条第2項にいう「この基準を理由として」とは、労働基準法に規定があることが決定的な理由となって、労働条件を低下させている場合をいうことから、社会経済情勢の変動等他に決定的な理由があれば、同条に抵触するものではない。

問題 027　平2505C　☐☐☐☐☐☐☐
　労働基準法第2条第1項が、「労働条件は、労働者と使用者が、対等の立場において決定すべきである。」との理念を明らかにした理由は、概念的には対等者である労働者と使用者との間にある現実の力関係の不平等を解決することが、労働基準法の重要な視点であることにある。

問題 028　平2101A　☐☐☐☐☐☐☐
　使用者は、労働協約、就業規則及び労働契約を遵守し、誠実にその義務を履行しなければならない。使用者よりも経済的に弱い立場にある労働者についてはこのような義務を定めた規定はない。

第3節　労働憲章
　　　　　　　　　　　❻
解答 025　×　S63.3.14基発150／P13　社労士24 P5▼
　労働条件とは、賃金、労働時間のほか、解雇、災害補償、安全衛生、寄宿舎等に関する条件をすべて含む労働者の一切の待遇をいう。

解答 026　○　S22.9.13発基17／P13　社労士24 P5▼
　記述の通り正しい。
❼ **【労働基準法第1条第2項】**
　労働基準法で定める労働条件の基準は最低のものであるから、労働関係の当事者はこの基準を理由として労働条件を低下させてはならないことはもとより、その向上を図るように努めなければならない。

解答 027　○　法2条／P14　社労士24 P6▼
　記述の通り正しい。

解答 028　×　法2条／P14　社労士24 P6▼
　本肢の義務は、労働者にも課せられる。
+α **【労働基準法第2条第2項】**
　「労働者及び使用者」は、労働協約、就業規則及び労働契約を遵守し、誠実に各々その義務を履行しなければならない。

右ページ

> 📖**右** **解答・解説ページ**
> ❻ 科目別講義テキスト※2と社労士24レクチャーテキスト※2の参照ページを示します。
> ❼ ：問題に関する補足説明や周辺知識の内容を記載しています。

※2　科目別講義テキスト・社労士24レクチャーテキストは、資格の大原社会保険労務士講座受講生専用教材です。科目別講義テキスト・社労士24レクチャーテキストのみの一般販売はしておりません。

3 択一式トレーニング問題集の使い方

〔1〕問題を解く目的

　問題を解く目的は、正誤を憶えることではなく、正誤判断をするための「キーワード」と「その理由」を憶えることです。したがって、問題を解くに当たっては、「キーワード」と「なぜ正しいのか」「なぜ誤っているのか、どうであれば正しいのか」を見つけ、憶え込むことを強く意識するようにしましょう。

〔2〕回転と目標

　問題のキーワードを記憶として定着させるためには、繰り返し問題を解く（回転させる）ことが必要です。そのため学習初期から、本試験までに何回転するか（長期目標）、各回転をいつまでにするか（中期目標）を定めておき、これらに基づいて、その週・その日に何問解くか（短期目標）を決めましょう。なお、中期目標の達成の都度、チェック欄をチェックしていくと、回転の進捗状況が一目でわかって便利です。

《例》長期目標を5回転とした場合

長期目標	中期目標	達成したら✓
5回転	1回転目→次回講義までに	✓ ☐ ☐ ☐ ☐
	2回転目→確認テストまでに	✓ ✓ ☐ ☐ ☐
	3回転目→直前期に入るまでに	✓ ✓ ✓ ☐ ☐
	4回転目→統一模試までに	✓ ✓ ✓ ✓ ☐
	5回転目→本試験までに	✓ ✓ ✓ ✓ ✓

〔3〕問題の具体的な取り組み方

問題の取り組み方は様々です。以下ではその一例をご紹介しますので、参考にして下さい。

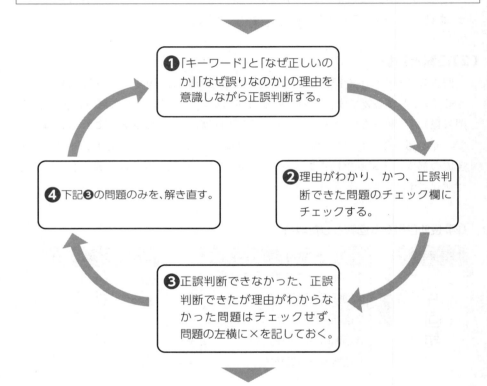

〔4〕問題集巻末の「進捗表」について

　巻末に「進捗表」がございます。こちらをご利用になり、ご自身の弱点部分を明確にし、早期克服に心掛けましょう。

〔5〕問題集巻末の「青シート」について

　巻末に「青シート」がございます。解答解説ページを隠すシートとしてご利用下さい。

4 よくある質問

〔1〕解くべき問題の優先順位について

　問題集には数多くの演習問題が収載されているので、特に初めて学習をされる方は、優先順位を決めたうえで問題を解いていくことをお勧めします。一例として、「 ☆ 」の問題は一旦とばしておきましょう。

〔2〕同じ問題を何度も間違えて、次に進めない…

　問題を間違えるということは、その問題のキーワードを憶える第一歩です。しかし、間違えが続いてしまう問題は、一旦とばして次の問題に取り組みましょう。学習が進み、科目の全体像や他の科目との関係が把握できてから理解できる内容の問題もあるからです。

〔3〕テキストとトレーニング問題集はどっちが大事？

　テキストのみでは、問題のキーワードを知ることができません。また、トレーニング問題集のみでも、全体像を把握しにくいことがあります。いずれか一方に偏るのは得策とはいえません。最も有効なのは、テキストとトレーニング問題集相互で補い合うという学習方法で、①テキストの概要を把握する→②トレーニング問題集を解き、キーワードを記憶する→③テキスト中のキーワードを部分読みする→④上記②③を繰り返すというものです。また、トレーニング問題集で記憶したキーワードや引っ掛け方をテキストの該当箇所に書き込んでおくという方法もお勧めです。

V

択一式トレーニング問題集	
厚生年金保険法	**学習内容と学習範囲**

学習内容

第1章　総　則

第2章　被保険者

第3章　標準報酬月額及び標準賞与額

第4章　費用の負担

第5章　保険給付

第6章　届出・不服申立て・時効その他

学習範囲

※資格の大原社会保険労務士講座受講生の学習範囲です。

社労士合格コース/社労士経験者合格コース/社労士速修合格コース

上記コースの各回の講義に対応した、「トレーニング問題集学習範囲」につきましては、別紙にてご案内いたします。

社労士24

章	問題集学習範囲	章	問題集学習範囲
1	問題001 問題003～問題005	11	問題114～問題131
2	問題006～問題029	12	問題132～問題166
3	問題030～問題033	13	
4	問題034～問題050	14	問題167～問題205
5	問題051～問題052	15	問題206～問題212
6	問題053～問題067	16	問題002 問題213～問題216 問題236～問題252
7	問題068～問題113	17	問題217～問題235
8		18	問題253～問題259
9		19	問題260～問題303
10			

VII

第1節　総　則

問題 001　平3007 D　☐☐☐☐☐☐☐

　　厚生年金保険制度は、老齢、障害又は死亡によって国民生活の安定がそこなわれることを国民の共同連帯によって防止し、もって健全な国民生活の維持及び向上に寄与することを目的としている。

問題 002　令0508 D　(新)　☐☐☐☐☐☐☐☐ ☆

　　国民年金法による年金たる給付及び厚生年金保険法による年金たる保険給付については、モデル年金の所得代替率が100分の50を上回ることとなるような給付水準を将来にわたり確保するものとされている。この所得代替率の分母の基準となる額は、当該年度の前年度の男子被保険者の平均的な標準報酬額に相当する額から当該額に係る公租公課の額を控除して得た額に相当する額である。

第2節　保険者

問題 003　平3007 E　☐☐☐☐☐☐☐

　　厚生年金保険は、厚生年金保険法に定める実施機関がそれぞれ管掌することとされている。

問題 004　令0206 A　☐☐☐☐☐☐☐ ☆

　　第2号厚生年金被保険者に係る厚生年金保険法第84条の5第1項の規定による拠出金の納付に関する事務は、実施機関としての国家公務員共済組合が行う。

第1節　総　則

解答 001　×　法1条／P2　社労士24P2▼

　　厚生年金保険法は、労働者の老齢、障害又は死亡について保険給付を行い、労働者及びその遺族の生活の安定と福祉の向上に寄与することを目的とする。

解答 002　○　H16法附則2条／P国年P6・7　社労士24P78▼

　　記述の通り正しい。

第2節　保険者

解答 003　×　法2条／P3　社労士24P3▼

　　厚生年金保険は、「政府」が管掌する。

解答 004　×　法2条の5、令1条／P4　社労士24P－▼

　　本肢の事務は、「国家公務員共済組合連合会」が行う。

問題 005 ○   R   □□□□□□□☆

　厚生労働大臣は、厚生年金保険原簿の訂正請求に対する措置に規定する権限について、地方厚生局長に委任することはできない。

解答 005 ×　　法100条の9／P7　社労士24P－▼

　　厚生労働大臣は、厚生年金保険原簿の訂正請求に対する措置に規定する権限について、地方厚生局長に「委任することができる」。

総　則　第1章　　4

第2節　適用事業所

問題 006　令0104C　☐☐☐☐☐☐☐

　常時５人以上の従業員を使用する個人経営のと殺業者である事業主は、厚生労働大臣の認可を受けることで、当該事業所を適用事業所とすることができる。

問題 007　令0104A　☐☐☐☐☐☐☐

　常時５人以上の従業員を使用する個人経営の畜産業者である事業主の事業所は、強制適用事業所となるので、適用事業所となるために厚生労働大臣から任意適用事業所の認可を受ける必要はない。

問題 008　令0410A　☐☐☐☐☐☐☐

　常時５人の従業員を使用する個人経営の美容業の事業所については、法人化した場合であっても適用事業所とはならず、当該法人化した事業所が適用事業所となるためには、厚生労働大臣から任意適用事業所の認可を受けなければならない。

問題 009　令0206B　☐☐☐☐☐☐☐

　任意適用事業所の認可を受けようとする事業主は、当該事業所に使用される者（厚生年金保険法第12条に規定する者及び特定４分の３未満短時間労働者を除く。）の３分の１以上の同意を得たことを証する書類を添えて、厚生年金保険任意適用申請書を日本年金機構に提出しなければならない。

第2節　適用事業所

解答 006　×　法6条／P11　社労士24P5▼

　と殺業は法定業種に含まれるので、本肢の事業所は、強制適用事業所となる。

解答 007　×　法6条／P11　社労士24P5▼

　農林水産業は法定業種に含まれないため、適用事業所となるために厚生労働大臣から任意適用の認可を受ける必要がある。

解答 008　×　法6条／P11　社労士24P4▼

　国、地方公共団体又は「法人」の事業所であって、常時従業員を使用するものは適用事業所となる。

解答 009　×　法6条／P12　社労士24P5▼

　本肢の「3分の1以上」について、正しくは「2分の1以上」である。

被保険者　第2章　6

問題 010　令0503 A　㊗　□□□□□□□

　任意適用事業所の事業主は、厚生労働大臣の認可を受けることにより当該事業所を適用事業所でなくすることができるが、このためには、当該事業所に使用される者の全員の同意を得ることが必要である。なお、当該事業所には厚生年金保険法第12条各号のいずれかに該当する者又は特定4分の3未満短時間労働者に該当する者はいないものとする。

問題 011　平3001 A　□□□□□□□

　2以上の船舶の船舶所有者が同一である場合には、当該2以上の船舶を1つの適用事業所とすることができる。このためには厚生労働大臣の承認を得なければならない。

第3節　被保険者

問題 012　令0206 E　□□□□□□□

　株式会社の代表取締役は、70歳未満であっても被保険者となることはないが、代表取締役以外の取締役は被保険者となることがある。

問題 013　令0209 C　□□□□□□□

　適用事業所以外の事業所に使用される70歳未満の者であって、任意単独被保険者になることを希望する者は、当該事業所の事業主の同意を得たうえで資格取得に係る認可の申請をしなければならないが、事業主の同意を得られなかった場合でも保険料をその者が全額自己負担するのであれば、申請することができる。

解答 010　×　法8条／P12　社労士24P5▼

　任意適用事業所を適用事業所でなくするためには、当該事業所に使用される者の「4分の3以上」の同意を得ることが必要である。

解答 011　×　法8条の3／P13　社労士24P6▼

　2以上の船舶の船舶所有者が同一である場合には、厚生労働大臣の承認を必要とせず、「法律上当然」に一の適用事業所とされる。

第3節　被保険者

解答 012　×　S24.7.28保発74／P14　社労士24P－▼

　株式会社の代表取締役は、被保険者となることがある。

解答 013　×　法10条／P15　社労士24P6▼

　事業主の同意が得られなかった場合、任意単独被保険者となることはできない。

問題 014　令0508 E　🆕　□□□□□□□

　　厚生年金保険の任意単独被保険者となっている者は、厚生労働大臣の認可を受けて、被保険者の資格を喪失することができるが、資格喪失に際しては、事業主の同意を得る必要がある。

問題 015　平2101 E　　□□□□□□□

　　70歳以上の障害厚生年金の受給権者は、老齢厚生年金、老齢基礎年金その他の老齢又は退職を支給事由とする年金たる給付の受給権を有しない者であっても、高齢任意加入被保険者となることができない。

問題 016　平2810 D　　□□□□□□□

　　適用事業所に使用される70歳以上の遺族厚生年金の受給権者が、老齢厚生年金、国民年金法による老齢基礎年金その他の老齢又は退職を支給事由とする年金たる給付であって政令で定める給付の受給権を有しない場合、実施機関に申し出て、被保険者となることができる。なお、この者は厚生年金保険法第12条の被保険者の適用除外の規定に該当しないものとする。

問題 017　平2702 D　　□□□□□□□

　　季節的業務に使用される者（船舶所有者に使用される船員を除く。）は、当初から継続して6か月を超えて使用されるべき場合を除き、被保険者とならない。

問題 018　平2808 E　　□□□□□□□

　　4か月間の臨時的事業の事業所に使用される70歳未満の者は、その使用されるに至った日から被保険者となる。

問題 019　O　　　R　　□□□□□□□

　　巡回興行などの所在地が一定しない事業所に使用される者であって、その者が引き続き6か月以上使用される場合、厚生年金保険の被保険者となる。

9　　第2章　被保険者

解答 014 × 法11条／P16 社労士24P6▼

本肢の資格喪失に際しては、「事業主の同意は不要」である。

解答 015 × 法附則4条の3／P16 社労士24P6▼

70歳以上の障害厚生年金の受給権者であっても、老齢又は退職を支給事由とする年金たる給付の受給権を有していないのであれば、所定の要件を満たすことにより、高齢任意加入被保険者となることができる。

解答 016 ○ 法附則4条の3／P16 社労士24P6▼

なお、本肢の場合、事業主の同意は不要である。

解答 017 × 法12条／P18 社労士24P7▼

季節的業務に使用される者（船舶所有者に使用される船員を除く。）は、当初から継続して「4か月」を超えて使用されるべき場合を除き、被保険者とならない。

解答 018 × 法12条／P18 社労士24P7▼

臨時的事業の事業所に6か月以内の期間を定めて使用される者は、被保険者とならない。

解答 019 × 法12条／P18 社労士24P7▼

本肢の者は、厚生年金保険の被保険者とならない。

被保険者 第2章 10

問題 020　令0503C 🆕 ☐☐☐☐☐☐☐

　適用事業所に使用される70歳未満の者は、厚生年金保険の被保険者となるが、船舶所有者に臨時に使用される船員であって日々雇い入れられる者は被保険者とはならない。

問題 021　令0508A 🆕 ☐☐☐☐☐☐☐

　特定４分の３未満短時間労働者に対して厚生年金保険が適用されることとなる特定適用事業所とは、事業主が同一である１又は２以上の適用事業所であって、当該１又は２以上の適用事業所に使用される労働者の総数が常時100人を超える事業所のことである。

問題 022　令0209D ☐☐☐☐☐☐☐

　特定適用事業所以外の適用事業所においては、１週間の所定労働時間及び１か月間の所定労働日数が、同一の事業所に使用される通常の労働者の１週間の所定労働時間及び１か月間の所定労働日数の４分の３以上（以下「４分の３基準」という。）である者を被保険者として取り扱うこととされているが、雇用契約書における所定労働時間又は所定労働日数と実際の労働時間又は労働日数が乖離していることが常態化しているとき、４分の３基準を満たさないものの、事業主等に対する事情の聴取やタイムカード等の書類の確認を行った結果、実際の労働時間又は労働日数が直近６か月において４分の３基準を満たしている場合で、今後も同様の状態が続くことが見込まれるときは、４分の３基準を満たしているものとして取り扱うこととされている。

問題 023　平2603C ☐☐☐☐☐☐☐

　適用事業所以外の事業所に使用される70歳以上の者が高齢任意加入被保険者になるには、事業主の同意を得たうえで、実施機関に対して申出を行うこととされており、その申出が受理された日に資格を取得する。

解答 020　×　法12条／P 18　社労士24 P 7▼

　船舶所有者に臨時に使用される船員であって日々雇い入れられる者は、「被保険者となる」。

解答 021　×　H24法附則17条／P 19　社労士24 P −▼

　特定適用事業所とは、事業主が同一である１又は２以上の適用事業所であって、当該１又は２以上の適用事業所に使用される「特定労働者（70歳未満の者のうち、厚生年金保険法第12条各号のいずれにも該当しないものであって、特定４分の３未満短時間労働者以外のものをいう。）」の総数が常時100人を超えるものの各適用事業所をいう。

解答 022　×　R4.3.18保保発0318第1号／P 健保20　社労士24 P −▼

　本肢の「直近６か月」について、正しくは「直近２か月」である。

解答 023　×　法附則４条の５／P 19　社労士24 P 8▼

　本肢の場合、厚生労働大臣の「認可」を受ける必要があり、当該「認可があった日」に資格を取得する。

問題 024 平2702 E □□□□□□□

被保険者（高齢任意加入被保険者及び第4種被保険者を除く。）は、死亡したときはその日に、70歳に達したときはその翌日に被保険者資格を喪失する。

問題 025 平2102 D □□□□□□□

厚生年金保険の被保険者は、例外なく、任意適用事業所の取消しの認可があったときはその日に、任意単独被保険者の資格喪失の認可があったときはその翌日に、それぞれ被保険者資格を喪失する。

問題 026 平2609 D □□□□□□□

有期の雇用契約が数日の間を空けて再度行われる場合、雇用契約の終了時にあらかじめ、事業主と被保険者との間で次の雇用契約の予定が明らかであるような事実が認められるなど、就労の実態に照らして事実上の使用関係が中断することなく存続しているものと判断される場合には、被保険者資格は喪失しない。

問題 027 O R □□□□□□□

適用事業所に使用される70歳以上の高齢任意加入被保険者については、年齢を理由として資格を喪失することはない。

問題 028 O R □□□□□□□ ☆

同一の適用事業所において使用される第4号厚生年金被保険者について、雇用形態の変更により、その種別が第1号厚生年金被保険者に変更された場合は、被保険者の資格の取得及び喪失は生じない。

13　第2章　被保険者

解答 024 × 法14条／P20 社労士24P8▼

被保険者（高齢任意加入被保険者及び第4種被保険者を除く。）は、死亡したときは「その日の翌日」に、70歳に達したときは「その日」に被保険者資格を喪失する。

解答 025 × 法14条／P20 社労士24P8▼

任意適用事業所の取消の認可があったときは、その日の「翌日」に被保険者資格を喪失する。

解答 026 ○ H26.1.17保保発0117第2号／P20 社労士24P－▼

有期の雇用契約又は任用が1日ないし数日の間を空けて再度行われる場合においても、雇用契約又は任用の終了時にあらかじめ、事業主と被保険者との間で次の雇用契約又は任用の予定が明らかであるような事実が認められるなど、事実上の使用関係が中断することなく存続していると、就労の実態に照らして判断される場合には、被保険者資格を喪失させることなく取り扱う。

解答 027 ○ 法附則4条の3／P21 社労士24P8・9▼

国民年金の特例による任意加入被保険者とは異なり、厚生年金保険の高齢任意加入被保険者については、生年月日の要件（国民年金では昭和40年4月1日以前生まれ）も年齢の上限（国民年金では70歳未満）の規定もない。

解答 028 × 法15条／P23 社労士24P9▼

同一の適用事業所において使用される被保険者について、被保険者の種別（第1号厚生年金被保険者、第2号厚生年金被保険者、第3号厚生年金被保険者又は第4号厚生年金被保険者のいずれであるかの区別をいう。）に変更があった場合には、被保険者資格の取得及び喪失の規定は、被保険者の種別ごとに適用する。すなわち、本肢の場合は、第4号厚生年金被保険者の資格を喪失し、第1号厚生年金被保険者の資格を取得する。

被保険者 第2章 14

問題 029　令0307 D　□□□□□□□

　第1号厚生年金被保険者が同時に第2号厚生年金被保険者の資格を有するに至ったときは、その日に、当該第1号厚生年金被保険者の資格を喪失する。

第4節　被保険者期間の計算

問題 030　平3009 B　□□□□□□□

　被保険者期間を計算する場合には、月によるものとし、例えば、平成29年10月1日に資格取得した被保険者が、平成30年3月30日に資格喪失した場合の被保険者期間は、平成29年10月から平成30年2月までの5か月間であり、平成30年3月は被保険者期間には算入されない。なお、平成30年3月30日の資格喪失以後に被保険者の資格を取得していないものとする。

問題 031　平2809 E　□□□□□□□

　適用事業所に平成28年3月1日に採用され、第1号厚生年金被保険者の資格を取得した者が同年3月20日付けで退職し、その翌日に被保険者資格を喪失し国民年金の第1号被保険者となった。その後、この者は同年4月1日に再度第1号厚生年金被保険者となった。この場合、同年3月分については、厚生年金保険における被保険者期間に算入されない。

問題 032　令0306 C　□□□□□□□ ☆

　同一の月において被保険者の種別に変更があったときは、その月は変更後の被保険者の種別の被保険者であった月とみなす。なお、同一月において2回以上にわたり被保険者の種別に変更があったときは、最後の被保険者の種別の被保険者であった月とみなす。

15　第2章　被保険者

解答 029　○　法18条の2／P23　社労士24P9▼

記述の通り正しい。

第4節　被保険者期間の計算 ─────────────

解答 030　○　法19条／P24　社労士24P10▼

被保険者期間を計算する場合には、月によるものとされ、被保険者の資格を取得した月から喪失した月の前月までが算入される。

解答 031　○　法19条／P24　社労士24P10▼

本肢の3月については、国民年金の第1号被保険者としての被保険者期間と扱い、国民年金の保険料が徴収される。

解答 032　○　法19条／P25　社労士24P10▼

記述の通り正しい。

被保険者　第2章　16

問題 033　令0403 A　　□□□□□□□

　甲は、昭和62年5月1日に第3種被保険者の資格を取得し、平成元年11月30日に当該被保険者資格を喪失した。甲についての、この期間の厚生年金保険の被保険者期間は、36月である。

解答 033　○　法19条、S60法附則47条／Ｐ26　社労士24Ｐ11▼

　本肢については、「昭和62年５月～平成元年10月（30か月）×6/5＝36か月」
となる。

被保険者　第２章　18

第1節　標準報酬月額 —————————————————

問題 034　平2106 C　□ □ □ □ □ □ □

　70歳以上の使用される者に係る標準報酬月額に相当する額については、標準報酬月額等級の第1級の98,000円から第30級の605,000円までの区分により定められる。

問題 035　平3008 D　□ □ □ □ □ □ □

　7月1日前の1年間を通じ4回以上の賞与が支給されているときは、当該賞与を報酬として取り扱うが、当該年の8月1日に賞与の支給回数を、年間を通じて3回に変更した場合、当該年の8月1日以降に支給される賞与から賞与支払届を提出しなければならない。

問題 036　平2904 A　□ □ □ □ □ □ □

　被保険者が労働の対償として毎年期日を定め四半期毎に受けるものは、いかなる名称であるかを問わず、厚生年金保険法における賞与とみなされる。

問題 037　令0205 A　□ □ □ □ □ □ □

　被保険者の報酬月額の算定に当たり、報酬の一部が通貨以外のもので支払われている場合には、その価額は、その地方の時価によって、厚生労働大臣が定める。

第1節　標準報酬月額

解答 034　×　法20条／P30　社労士24P12▼

標準報酬月額等級表は、第1級の「88,000円」から「第32級の650,000円」までの区分によって定められている。

解答 035　×　H15.2.25保発0225004庁保発2／P健保39　社労士24P－▼

賞与の支給が7月1日前の1年間を通じ4回以上行われているときは、当該賞与は報酬に該当する。この場合、賞与の支給回数が、当該年の7月2日以降新たに年間を通じて4回未満に変更された場合においても、次期標準報酬月額の定時決定等による標準報酬月額が適用されるまでの間は、当該賞与の取扱いは変わらない（報酬に該当する。）。よって、賞与支払届の提出を要しない。

解答 036　×　法3条／P健保40　社労士24P健保15▼

賞与とは、賃金、給料、俸給、手当、賞与その他いかなる名称であるかを問わず、労働者が労働の対償として受ける全てのもののうち、「3か月を超える期間ごとに受けるもの（年間を通じて3回以下支給されるもの）」をいう。本肢の場合、年4回支給となるため「報酬」とみなされる。

解答 037　○　法25条／P健保41　社労士24P健保16▼

記述の通り正しい。

標準報酬月額及び標準賞与額　第3章　20

問題 038　平3010D　　　□□□□□□□

　実施機関は、被保険者の資格を取得した者について、日、時間、出来高又は請負によって報酬が定められる場合には、被保険者の資格を取得した月前1か月間に当該事業所で、同様の業務に従事し、かつ、同様の報酬を受ける者が受けた報酬の額を平均した額を報酬月額として、その者の標準報酬月額を決定する。当該標準報酬月額は、被保険者の資格を取得した月からその年の8月（6月1日から12月31日までの間に被保険者の資格を取得した者については、翌年の8月）までの各月の標準報酬月額とする。

問題 039　平2310C　　　□□□□□□□

　実施機関は、被保険者（一定の短時間労働者を除く。）が現に使用される事業所において継続した3か月間（その事業所で継続して使用された期間に限るものとし、かつ報酬支払の基礎となった日数が17日未満である月があるときは、その月を除く。）に受けた報酬の総額をその期間の月数で除して得た額が、その者の標準報酬月額の基礎となった報酬月額に比べて、著しく高低を生じた場合において、その額を報酬月額として、その著しく高低を生じた月の翌月から標準報酬月額を改定しなければならない。

問題 040　令0107A　　　□□□□□□□

　被保険者が産前産後休業終了日の翌日に育児休業等を開始している場合には、当該産前産後休業を終了した際の標準報酬月額の改定は行われない。

解答 038 ○ 法22条／Ｐ健保43 社労士24Ｐ健保17▼

【資格取得時決定による標準報酬月額の有効期間】

① 資格取得が１月１日〜５月31日 →その年の８月まで

② 資格取得が６月１日〜12月31日 →翌年の８月まで

解答 039 × 法23条／Ｐ健保47等 社労士24Ｐ健保18等▼

　　法第23条では、実施機関は、被保険者（一定の短時間労働者を除く。）が現に使用される事業所において継続した「①３か月間（各月とも、報酬支払の基礎となった日数が、17日以上でなければならない。）」に受けた報酬の総額を「②３で除して得た額」が、その者の標準報酬月額の基礎となった報酬月額に比べて、著しく高低を生じた場合において、必要があると認めるときは、その額を報酬月額として、その著しく高低を生じた月の翌月から、標準報酬月額を「③改定することができる。」、と定められている。すなわち、本肢中の「①３か月間（その事業所で継続して使用された期間に限るものとし、かつ報酬支払の基礎となった日数が17日未満である月があるときは、その月を除く。）」、「②その期間の月数で除して得た額」、「③改定しなければならない。」が誤りである。

解答 040 ○ 法23条の３／Ｐ健保50 社労士24Ｐ健保20▼

　　記述の通り正しい。

標準報酬月額及び標準賞与額　第３章　22

問題 041　平2908 B　□□□□□□□□

　平成28年5月31日に育児休業を終えて同年6月1日に職場復帰した3歳に満たない子を養育する被保険者が、育児休業等終了時改定に該当した場合、その者の標準報酬月額は同年9月から改定される。また、当該被保険者を使用する事業主は、当該被保険者に対して同年10月に支給する報酬から改定後の標準報酬月額に基づく保険料を控除することができる。

問題 042　令0306 D　□□□□□□□□

　育児休業等を終了した際の標準報酬月額の改定若しくは産前産後休業を終了した際の標準報酬月額の改定を行うためには、被保険者が現に使用される事業所において、育児休業等終了日又は産前産後休業終了日の翌日が属する月以後3か月間の各月とも、報酬支払の基礎となった日数が17日以上でなければならない。

問題 043　令0403 E　□□□□□□□□

　同時に2以上の適用事業所で報酬を受ける厚生年金保険の被保険者について標準報酬月額を算定する場合においては、事業所ごとに報酬月額を算定し、その算定した額の平均額をその者の報酬月額とする。

問題 044　令0107 C　□□□□□□□□

　被保険者の報酬月額について、厚生年金保険法第21条第1項の定時決定の規定によって算定することが困難であるとき、又は、同項の定時決定の規定によって算定された被保険者の報酬月額が著しく不当であるときは、当該規定にかかわらず、実施機関が算定する額を当該被保険者の報酬月額とする。

解答 041　○　法23条の２／Ｐ健保53　社労士24Ｐ健保21▼

　育児休業等終了時改定の規定によって改定された標準報酬月額は、育児休業等終了日の翌日から起算して２か月を経過した日の属する月の翌月からその年の８月（当該翌月が７月から12月までのいずれかの月である場合は、翌年の８月）までの各月の標準報酬月額とする。

解答 042　×　法23条の２、23条の３／Ｐ健保54　社労士24Ｐ健保21▼

　本肢の場合、報酬支払基礎日数が「17日未満の月を除いて」標準報酬月額の改定を行う。

解答 043　×　法24条／Ｐ健保54　社労士24Ｐ健保22▼

　同時に２以上の事業所で報酬を受ける被保険者について報酬月額を算定する場合においては、各事業所について、算定した報酬月額の「合算額」をその者の報酬月額とする。

解答 044　○　法24条／Ｐ健保54　社労士24Ｐ健保22▼

　記述の通り正しい。

標準報酬月額及び標準賞与額　第３章　24

問題 045　令0508 B　新　□□□□□□□

　毎年12月31日における全被保険者の標準報酬月額を平均した額の100分の200に相当する額が標準報酬月額等級の最高等級の標準報酬月額を超える場合において、その状態が継続すると認められるときは、政令で、当該最高等級の上に更に等級を加える標準報酬月額の等級区分の改定を行わなければならない。

問題 046　令0307 A　□□□□□□□☆

　3歳に満たない子を養育している被保険者又は被保険者であった者が、当該子を養育することとなった日の属する月から当該子が3歳に達するに至った日の翌日の属する月の前月までの各月において、年金額の計算に使用する平均標準報酬月額の特例の取扱いがあるが、当該特例は、当該特例の申出が行われた日の属する月前の月にあっては、当該特例の申出が行われた日の属する月の前月までの3年間のうちにあるものに限られている。

解答 045 ×　法20条／P31　社労士24 P 12▼

　厚生年金保険法第20条第2項では、「毎年3月31日」における全被保険者の標準報酬月額を平均した額の100分の200に相当する額が標準報酬月額等級の最高等級の標準報酬月額を超える場合において、その状態が継続すると認められるときは、その年の9月1日から、健康保険法第40条第1項に規定する標準報酬月額の等級区分を参酌して、政令で、当該最高等級の上に更に等級を加える標準報酬月額の等級区分の「改定を行うことができる」とされている。

解答 046 ×　法26条／P34　社労士24 P 14▼

　本肢の特例は、当該特例の申出が行われた日の属する月前の月にあっては、当該特例の申出が行われた日の属する月の前月までの「2年間」のうちにあるものに限られる。

標準報酬月額及び標準賞与額　第3章　26

問題 047　令0501　🆕　□□□□□□□

　厚生年金保険法第26条に規定する３歳に満たない子を養育する被保険者等の標準報酬月額の特例（以下本問において「本特例」という。）に関する次の記述のうち、正しいものはどれか。

A　本特例についての実施機関に対する申出は、第１号厚生年金被保険者又は第４号厚生年金被保険者はその使用される事業所の事業主を経由して行い、第２号厚生年金被保険者又は第３号厚生年金被保険者は事業主を経由せずに行う。

B　本特例が適用される場合には、老齢厚生年金の額の計算のみならず、保険料額の計算に当たっても、実際の標準報酬月額ではなく、従前標準報酬月額が用いられる。

C　甲は、第１号厚生年金被保険者であったが、令和４年５月１日に被保険者資格を喪失した。その後、令和５年６月15日に３歳に満たない子の養育を開始した。更に、令和５年７月１日に再び第１号厚生年金被保険者の被保険者資格を取得した。この場合、本特例は適用される。

D　第１子の育児休業終了による職場復帰後に本特例が適用された被保険者乙の従前標準報酬月額は30万円であったが、育児休業等終了時改定に該当し標準報酬月額は24万円に改定された。その後、乙は第２子の出産のため厚生年金保険法第81条の２の２第１項の適用を受ける産前産後休業を取得し、第２子を出産し産後休業終了後に職場復帰したため第２子の養育に係る本特例の申出を行った。第２子の養育に係る本特例が適用された場合、被保険者乙の従前標準報酬月額は24万円である。

E　本特例の適用を受けている被保険者の養育する第１子が満３歳に達する前に第２子の養育が始まり、この第２子の養育にも本特例の適用を受ける場合は、第１子の養育に係る本特例の適用期間は、第２子が３歳に達した日の翌日の属する月の前月までとなる。

解答 047　A

A　○　法26条／P33　社労士24 P13▼
　　記述の通り正しい。

B　×　法26条／P32　社労士24 P13▼
　　保険料額の計算に当たっては、本特例は適用されない。

C　×　法26条／P34　社労士24 P14▼
　　本肢の場合、子を養育することとなった日の属する月前1年以内に被保険者であった月がないことから、本特例は適用されない。

D　×　法26条／P34　社労士24 P14▼
　　第2子の養育に係る本特例が適用された場合、被保険者乙の従前標準報酬月額は「30万円」である。

E　×　法26条／P33　社労士24 P13▼
　　第1子の養育に係る本特例の適用期間は、「第2子を養育することとなった日」の翌日の属する月の前月までとなる。

標準報酬月額及び標準賞与額　第3章　28

第2節　標準賞与額

問題 048　平2409D　□□□□□□□

　被保険者が賞与を受けた場合、その賞与額に基づき、これに千円未満の端数が生じたときは、これを切り捨てて、その月における標準賞与額を決定する。ただし、その月に当該被保険者が受けた賞与により、その年度（毎年4月1日から3月31日までをいう。以下同じ。）における標準賞与額の累計が573万円を超えることとなる場合には、当該累計額が573万円となるようにその月の標準賞与額を決定し、その年度においてその月の翌月以降に受ける賞与の標準賞与額は0とする。

問題 049　平2904C　□□□□□□□

　同時に2か所の適用事業所A及びBに使用される第1号厚生年金被保険者について、同一の月に適用事業所Aから200万円、適用事業所Bから100万円の賞与が支給された。この場合、適用事業所Aに係る標準賞与額は150万円、適用事業所Bに係る標準賞与額は100万円として決定され、この合計である250万円が当該被保険者の当該月における標準賞与額とされる。

問題 050　令0307C　□□□□□□□

　実施機関は、被保険者が賞与を受けた月において、その月に当該被保険者が受けた賞与額に基づき、これに千円未満の端数を生じたときはこれを切り捨てて、その月における標準賞与額を決定する。この場合において、当該標準賞与額が1つの適用事業所において年間の累計額が150万円（厚生年金保険法第20条第2項の規定による標準報酬月額の等級区分の改定が行われたときは、政令で定める額とする。以下本問において同じ。）を超えるときは、これを150万円とする。

第2節 標準賞与額

解答 048 ×　法24条の4／P35　社労士24 P 14▼

　被保険者が賞与を受けた月において、その月に当該被保険者が受けた賞与額に基づき、これに1,000円未満の端数を生じたときはこれを切り捨てて、その月における標準賞与額を決定する。この場合において、当該標準賞与額が150万円を超えるときは、これを150万円とする。

　　+α　本肢は健康保険の標準賞与額に関する記述である。

解答 049 ×　法24条の4／P35　社労士24 P 14▼

　本肢の場合、「200万＋100万＝300万」をその者の賞与額とし、標準賞与額については、上限が適用され150万とされる。

解答 050 ×　法24条の4／P35　社労士24 P 14▼

　年間の累計額ではなく、「その月」における標準賞与額が150万円を超えるときは、これを150万円とする。

第1節　厚生年金保険事業の財政

問題 051　平3007A　□□□□□□□

財政の現況及び見通しにおける財政均衡期間は、財政の現況及び見通しが作成される年以降おおむね100年間とされている。

第2節　国庫負担

問題 052　O　　R　　□□□□□□□

国庫は毎年度、厚生年金保険事業の事務の執行（実施機関（厚生労働大臣を除く。）によるものを除く。）に要する費用の2分の1を負担する。

第3節　保険料

問題 053　平2507A　□□□□□□□

被保険者及び被保険者を使用する事業主は、それぞれ厚生年金保険料の半額を負担するが、事業主は自らの負担すべき保険料額の負担の割合を増加することができる。

第1節　厚生年金保険事業の財政

解答 051　○　法2条の4／P38　社労士24 P17▼

　　政府は、少なくとも5年ごとに、保険料及び国庫負担の額、並びに保険給付に要する費用の額その他の厚生年金保険事業の財政に係る収支についてその現況及び財政均衡期間における見通し（財政の現況及び見通し）を作成しなければならない。財政均衡期間は、財政の現況及び見通しが作成される年以降おおむね100年間とされている。

第2節　国庫負担

解答 052　×　法80条／P39　社労士24 P15▼

　　国庫は、毎年度、予算の範囲内で、厚生年金保険事業の事務の執行（実施機関（厚生労働大臣を除く。）によるものを除く。）に要する費用を負担する。したがって、本肢のようにその一部に限定して負担するわけではない。

第3節　保険料

解答 053　×　法82条／P41　社労士24 P19▼

　　事業主は自らの負担すべき保険料額の負担の割合を増加することはできない。

問題 054　平3009 A　　□□□□□□□

　被保険者が厚生年金保険法第6条第1項第3号に規定する船舶に使用され、かつ、同時に事業所に使用される場合においては、船舶所有者（同号に規定する船舶所有者をいう。以下同じ。）以外の事業主は保険料を負担せず、保険料を納付する義務を負わないものとし、船舶所有者が当該被保険者に係る保険料の半額を負担し、当該保険料及び当該被保険者の負担する保険料を納付する義務を負うものとされている。

問題 055　平2507 D　　□□□□□□□

　厚生労働大臣は、納付義務者から、預金又は貯金の払出しとその払い出した金銭による保険料の納付をその預金口座又は貯金口座のある金融機関に委託して行うことを希望する旨の申出があった場合には、その納付が確実と認められ、かつ、その申出を承認することが保険料の徴収上有利と認められるときに限り、その申出を承認することができる。なお、本肢は第1号厚生年金被保険者に関する問題とする。

問題 056　平2108 E　　□□□□□□□

　適用事業所に使用される高齢任意加入被保険者で、事業主の同意が得られなかったために保険料を全額負担している者は、当該保険料をその月の10日までに納付しなければならない。なお、本肢は第1号厚生年金被保険者に関する問題とする。

33　第4章　費用の負担

解答 054　○　法82条、令４条／Ｐ43　社労士24Ｐ19▼

本肢の場合、船舶所有者のみが納付義務を負うこととなる。

解答 055　○　法83条の２／Ｐ44　社労士24Ｐ20▼

記述の通り正しい。

解答 056　×　法83条、法附則４条の３／Ｐ44　社労士24Ｐ20▼

適用事業所に使用される高齢任意加入被保険者に係る保険料の納期限は、事業主の同意の有無にかかわらず、「翌月末日」である。

費用の負担　第４章　34

問題 057　平2507 B　　□□□□□□□

　厚生労働大臣は、納入の告知をした保険料額が当該納付義務者が納付すべき保険料額を超えていることを知ったとき、又は納付した保険料額が当該納付義務者が納付すべき保険料額を超えていることを知ったときは、その超えている部分に関する納入の告知又は納付を、その納入の告知又は納付の日の翌日から1年以内の期日に納付されるべき保険料について納期を繰り上げてしたものとみなすことができる。なお、本肢は第1号厚生年金被保険者に関する問題とする。

問題 058　平2507 C　　□□□□□□□

　厚生労働大臣は、厚生年金保険法第83条第2項の規定によって、納期を繰り上げて納付をしたものとみなすときは、事前にその旨を当該納付義務者に通知し同意を得なければならない。なお、本肢は第1号厚生年金被保険者に関する問題とする。

解答 057 ×　法83条／P45　社労士24 P20▼

本肢の場合、「1年以内の期日」ではなく「6か月以内の期日」である。

解答 058 ×　法83条／P45　社労士24 P20▼

　納期を繰り上げて納入の告知又は納付をしたものとみなしたときは、厚生労働大臣は、その旨を当該納付義務者に通知しなければならない。すなわち、事前に納付義務者に通知し同意を得ることは要しない。

費用の負担　第4章　36

問題 059　令0404　□□□□□□□

　　次のアからオの記述のうち、厚生年金保険法第85条の規定により、保険料を保険料の納期前であっても、すべて徴収することができる場合として正しいものの組合せは、後記AからEまでのうちどれか。

　ア　法人たる納付義務者が法人税の重加算税を課されたとき。

　イ　納付義務者が強制執行を受けるとき。

　ウ　納付義務者について破産手続開始の申立てがなされたとき。

　エ　法人たる納付義務者の代表者が死亡したとき。

　オ　被保険者の使用される事業所が廃止されたとき。

　　A　（アとウ）

　　B　（アとエ）

　　C　（イとウ）

　　D　（イとオ）

　　E　（ウとオ）

問題 060　O　　R　□□□□□□□

　　保険料の納付義務者である事業主が、国税等の滞納処分を受けるときや強制執行、破産手続開始の決定を受けたとき、あるいは競売の開始があったときなどは、納期前であってもすべて徴収することができる。当該保険料の繰上徴収をする場合には、厚生労働大臣は当該事業主に対してその旨を督促状によって通知しなければならない。なお、本肢は第1号厚生年金被保険者に関する問題とする。

37　第4章　費用の負担

解答 059 D （イとオ） 法85条／P48 社労士24 P22▼

本肢「ア、ウ、エ」の場合、保険料の繰上徴収の対象とならない。

+α 【繰上徴収事由】

下記の場合、納期前であっても、保険料をすべて徴収することができる。

① 納付義務者が、以下のア～オのいずれかに該当する場合

　ア 国税、地方税その他の公課の滞納によって、滞納処分を受けるとき

　イ 強制執行を受けるとき

　ウ 破産手続開始の決定を受けたとき

　エ 企業担保権の実行手続の開始があったとき

　オ 競売の開始があったとき

② 法人である納付義務者が、解散をした場合

③ 被保険者の使用される事業所が、廃止された場合

④ 被保険者の使用される船舶について船舶所有者の変更があった場合、又は当該船舶が滅失し、沈没し、若しくは全く運航に堪えなくなるに至った場合

解答 060 × 法85条、法86条／P49 社労士24 P22▼

本肢において、保険料の繰上徴収をするときは、督促は要しない。

費用の負担 第4章 38

問題 061 平2504 B □□□□□□□

保険料等の督促をしようとするときは、厚生労働大臣は、納付義務者に対して督促状を発する。保険料等の督促状は、納付義務者が健康保険法第180条の規定によって督促を受ける者であるときは、同法同条の規定による督促状により、これに代えることができる。なお、本肢は第1号厚生年金被保険者に関する問題とする。

問題 062 平2504 D □□□□□□□

厚生労働大臣は、督促を受けた納付義務者が指定の期限までに保険料等を納付しないとき、国税滞納処分の例によってこれを処分し、又は納付義務者の居住地若しくはその者の財産所在地の市町村に対して、その処分を請求することができる。なお、本肢は第1号厚生年金被保険者に関する問題とする。

問題 063 平2406 E □□□□□□□

日本年金機構は、滞納処分等をしたときは、厚生労働省令で定めるところにより、速やかに、その結果を厚生労働大臣に報告しなければならない。なお、本肢は第1号厚生年金被保険者に関する問題とする。

問題 064 平2406 A □□□□□□□

日本年金機構は、滞納処分等実施規程を定め、厚生労働大臣の認可を受けなければならない。これを変更しようとするときも同様とする。なお、本肢は第1号厚生年金被保険者に関する問題とする。

解答 061 × 法86条／P49 社労士24P－▼

厚生年金保険法の規定による督促状は、納付義務者が、健康保険法第180条の規定によって督促を受ける者であるときは、同法同条の規定による督促状に「併記して、発することができる」。

解答 062 ○ 法86条／P50 社労士24P22▼

なお、市町村は、本肢の規定による処分の請求を受けたときは、市町村税の例によってこれを処分することができる。この場合においては、厚生労働大臣は、徴収金の100分の4に相当する額を当該市町村に交付しなければならない。

解答 063 ○ 法100条の6／P51 社労士24P－▼

なお、日本年金機構は、滞納処分等を行う場合には、あらかじめ、厚生労働大臣の認可を受けるとともに、滞納処分等実施規程に従い、徴収職員に行わせなければならない。

解答 064 ○ 法100条の7／P51 社労士24P23▼

なお、滞納処分等実施規程には、差押えを行う時期、差押えに係る財産の選定方法その他の滞納処分等の公正かつ確実な実施を確保するために必要なものとして厚生労働省令で定める事項を記載しなければならない。

費用の負担 第4章 40

問題 065 平2602　□□□□□□□

　次のアからオの記述のうち、厚生年金保険法等に規定する厚生労働大臣から財務大臣への滞納処分等に係る権限の委任に関し、財務大臣にその権限を委任する場合の要件ではないものの組合せは、後記AからEまでのうちどれか。なお、本肢は第1号厚生年金被保険者に関する問題とする。

ア　納付義務者が24か月以上の保険料を滞納していること。

イ　納付義務者が、日本年金機構により滞納処分その他の処分を受けていないこと。

ウ　厚生年金保険法等に規定する保険料、拠出金及びその他この法律の規定による延滞金（以下「滞納保険料等」という。）の合計額が5千万円以上あること。

エ　納付義務者が、滞納処分その他の処分の執行を免れる目的で、所有する財産について隠ぺいしているおそれがあること。

オ　厚生労働大臣が委任を行う日から起算して、1年以内に滞納保険料等の徴収権の消滅時効の完成が見込まれること。

　　A　（アとウ）
　　B　（アとオ）
　　C　（イとエ）
　　D　（イとオ）
　　E　（ウとエ）

41　第4章　費用の負担

解答 065　D　（イとオ）　令４条の２の16／P52　社労士24P23▼

ア　要件である

「納付義務者が24か月以上の保険料を滞納していること」は、財務大臣に本肢の権限を委任する場合の要件である。

イ　要件ではない

「納付義務者が、日本年金機構により滞納処分その他の処分を受けていないこと」は、財務大臣に本肢の権限を委任する場合の要件ではない。なお、「滞納処分等その他の処分を受けたにもかかわらず、納付義務者が滞納している保険料その他法の規定による徴収金の納付について誠実な意思を有すると認められないこと」が、財務大臣に本肢の権限を委任する場合の要件である。

ウ　要件である

「滞納保険料等の合計額が５千万円以上あること」は、財務大臣に本肢の権限を委任する場合の要件である。

エ　要件である

「納付義務者が滞納処分等その他の処分の執行を免れる目的でその財産について隠ぺいしているおそれがあること」は、財務大臣に本肢の権限を委任する場合の要件である。

オ　要件ではない

「厚生労働大臣が委任を行う日から起算して、１年以内に滞納保険料等の徴収権の消滅時効の完成が見込まれること」は、財務大臣に本肢の権限を委任する場合の要件ではない。

費用の負担　第４章　42

問題 066 平2110 B □ □ □ □ □ □ □

　厚生労働大臣は、保険料の納付義務者が保険料を滞納し、督促状によって指定した納期限までにこれを納付しなかった場合に、原則として、保険料額につき年14.6％（一定の場合、7.3％）の割合で、納期限の日から保険料完納の日までの日数によって計算した延滞金を徴収する。なお、本肢は第１号厚生年金被保険者に関する問題とする。

問題 067 令0101 B □ □ □ □ □ □ □

　厚生年金保険法第86条第２項の規定により厚生労働大臣が保険料の滞納者に対して督促をしたときは、保険料額に所定の割合を乗じて計算した延滞金を徴収するが、当該保険料額が1,000円未満の場合には、延滞金を徴収しない。また、当該保険料額に所定の割合を乗じて計算した延滞金が100円未満であるときも、延滞金を徴収しない。

43　第４章　費用の負担

解答 066 ×　法87条／P 53　社労士24 P 23▼

　　延滞金の計算は、納期限の「翌日」から保険料「完納又は財産差押えの日の前日」までの日数により計算される。

解答 067　○　法87条／P 54　社労士24 P 23▼

【延滞金が徴収されない場合】

①　督促状に指定した期限までに保険料を完納したとき

②　納期を繰り上げて徴収するとき

③　公示送達の方法により督促したとき

④　保険料額が1,000円未満のとき

⑤　延滞金の額が100円未満のとき

⑥　滞納につきやむを得ない事情があると認められるとき

費用の負担　第4章　44

第1節　保険給付の通則(1)

問題 068　平2201 A　☐☐☐☐☐☐☐☐

　　厚生年金保険法による保険給付は、老齢厚生年金、障害厚生年金、障害手当金、遺族厚生年金、脱退一時金の5種類である。

問題 069　平2201 E　☐☐☐☐☐☐☐☐

　　保険給付を受ける権利は、その権利を有する者の請求に基づいて、実施機関が裁定する。

問題 070　平2207 E　☐☐☐☐☐☐☐☐

　　老齢厚生年金の受給権を有する65歳以上の遺族厚生年金の受給権者が、当該遺族厚生年金の裁定請求を行う場合には、厚生労働大臣は、当該受給権者に対し、老齢厚生年金の裁定の請求を求めることとする。なお、本肢の保険給付は、厚生労働大臣が支給するものとする。

第3節　特別支給の老齢厚生年金

問題 071　令0101 D　☐☐☐☐☐☐☐☐

　　老齢基礎年金の受給資格期間を満たしている場合であっても、1年以上の厚生年金保険の被保険者期間を有していない場合には、特別支給の老齢厚生年金の受給権は生じない。

45　第5章　保険給付

第1節　保険給付の通則(1)

解答 068　✕　法32条／P60　社労士24P25▼

脱退一時金は、法第32条においては保険給付に含まれていない。

解答 069　○　法33条／P60　社労士24P25▼

記述の通り正しい。

解答 070　○　則60条の3／P60　社労士24P－▼

記述の通り正しい。

第3節　特別支給の老齢厚生年金

解答 071　○　法附則8条／P66　社労士24P26▼

【特別支給の老齢厚生年金の支給要件】
① 　1年以上の被保険者期間を有する65歳未満の者であること
② 　受給資格期間
　→保険料納付済期間＋保険料免除期間＋合算対象期間＝10年以上であること
③ 　支給開始年齢
　→原則として60歳以上であること

保険給付　第5章　46

問題 072　平2810 B　　□□□□□□□

　障害厚生年金の年金額の計算に用いる給付乗率は、平成15年3月以前の被保険者期間と、いわゆる総報酬制が導入された平成15年4月以降の被保険者期間とでは適用される率が異なる。

問題 073　令0409 A　　□□□□□□□

　1つの種別の厚生年金保険の被保険者期間のみを有する者の総報酬制導入後の老齢厚生年金の報酬比例部分の額の計算では、総報酬制導入後の被保険者期間の各月の標準報酬月額と標準賞与額に再評価率を乗じて得た額の総額を当該被保険者期間の月数で除して得た平均標準報酬額を用いる。

問題 074　平2606 A　　□□□□□□□

　63歳の在職老齢年金を受給している者が適用事業所を退職し、9月1日に被保険者資格を喪失した場合、同年9月15日に再び別の適用事業所に採用されて被保険者となったときは、資格を喪失した月前における被保険者であった期間に基づく老齢厚生年金の年金額の改定が、同年10月分から行われる。

問題 075　平2808 A　　□□□□□□□

　在職老齢年金の受給者が平成28年1月31日付けで退職し同年2月1日に被保険者資格を喪失し、かつ被保険者となることなくして被保険者の資格を喪失した日から起算して1か月を経過した場合、当該被保険者資格を喪失した月前における被保険者であった期間も老齢厚生年金の額の計算の基礎とするものとし、平成28年3月から年金額が改定される。

47　第5章　保険給付

解答 072 ○ 法43条、H12法附則20条／P67 社労士24P58・33▼

【障害厚生年金の給付乗率】

・平成15年4月前の期間（本則額）→「7.125／1000」

・平成15年4月以後の期間（本則額）→「5.481／1000」

解答 073 ○ 法43条／P68 社労士24P33▼

記述の通り正しい。

解答 074 × 法43条／P68 社労士24P34▼

本肢の場合、被保険者の資格を喪失した後、被保険者の資格を喪失した日から起算して1か月を経過する前に被保険者の資格を取得しているので、退職改定の規定は適用されない。

解答 075 × 法43条／P68 社労士24P34▼

本肢の場合、退職日（平成28年1月31日）から起算して1か月を経過した日の属する月である平成28年「2月」から年金額が改定される。

保険給付 第5章 48

問題 076　令0209 A　□□□□□□□

　被保険者である老齢厚生年金の受給者（昭和25年7月1日生まれ）が70歳になり当該被保険者の資格を喪失した場合における老齢厚生年金は、当該被保険者の資格を喪失した月前における被保険者であった期間も老齢厚生年金の額の計算の基礎となり、令和2年8月分から年金の額が改定される。

問題 077　令0509 E　🆕　□□□□□□□

　被保険者である受給権者がその被保険者の資格を喪失し、かつ、再び被保険者となることなくして被保険者の資格を喪失した日から起算して1か月を経過したときは、その被保険者の資格を喪失した月以前における被保険者であった期間を老齢厚生年金の額の計算の基礎とするものとし、資格を喪失した日から起算して1か月を経過した日の属する月から、年金の額を改定する。

問題 078　O　　　R　□□□□□□□

　老齢厚生年金の定額部分の額の計算について、当該老齢厚生年金の受給権者が昭和4年4月2日から昭和19年4月1日までの間に生まれた者である場合には、被保険者期間の月数の上限を444か月として計算する。

49　第5章　保険給付

解答 076 ×　法43条／P68　社労士24 P34▼

　本肢の場合、令和２年「７月分」から年金額が改定される。被保険者である老齢厚生年金の受給者（昭和25年７月１日生まれ）が70歳になり当該被保険者の資格を喪失した場合、資格を喪失した日（誕生日の前日である６月30日）から起算して１か月を経過した日の属する月（７月）から年金額が改定される。

解答 077 ×　法43条／P68　社労士24 P34▼

　本肢の場合、その被保険者の資格を喪失した月「前」における被保険者であった期間を老齢厚生年金の額の計算の基礎とする。

解答 078 ×　H6法附則17条、H16法附則36条／P71　社労士24 P33▼

【老齢厚生年金の定額部分の額の計算における被保険者期間の月数の上限】
　昭和21年４月１日以前に生まれた者については、生年月日に応じて以下のように読み替えられる。

＜生年月日＞	＜上　限＞
・　　　　　　～昭和４年４月１日	420か月
・昭和４年４月２日～昭和９年４月１日	「432か月」
・昭和９年４月２日～昭和19年４月１日	「444か月」
・昭和19年４月２日～昭和20年４月１日	456か月
・昭和20年４月２日～昭和21年４月１日	468か月
・昭和21年４月２日～	480か月

保険給付　第5章　　50

問題 079　平3010 C　□□□□□□□

　被保険者である老齢厚生年金の受給権者は、その受給権を取得した当時、加給年金額の対象となる配偶者がいたが、当該老齢厚生年金の額の計算の基礎となる被保険者期間の月数が240未満であったため加給年金額が加算されなかった。その後、被保険者資格を喪失した際に、被保険者期間の月数が240以上になり、当該240以上となるに至った当時、加給年金額の対象となる配偶者がいたとしても、当該老齢厚生年金の受給権を取得した当時における被保険者期間が240未満であるため、加給年金額が加算されることはない。

問題 080　平2805 E　□□□□□□□

　昭和9年4月2日以後に生まれた老齢厚生年金の受給権者に支給される配偶者に係る加給年金額については、その配偶者の生年月日に応じた特別加算が行われる。

問題 081　令0507 B　㊟　□□□□□□□

　昭和9年4月2日以後に生まれた老齢厚生年金の受給権者については、配偶者の加給年金額に更に特別加算が行われる。特別加算額は、受給権者の生年月日によって異なり、その生年月日が遅いほど特別加算額が少なくなる。

問題 082　令0507 A　㊟　□□□□□□□

　老齢厚生年金に係る子の加給年金額は、その対象となる子の数に応じて加算される。1人当たりの金額は、第2子までは配偶者の加給年金額と同額だが、第3子以降は、配偶者の加給年金額の3分の2の額となる。

51　第5章　保険給付

解答 079 ×　法44条／P72　社労士24 P35▼

　老齢厚生年金の受給権を取得した当時、被保険者期間が240か月未満であったときは、退職改定により、被保険者期間の月数が240以上となるに至った当時、加給年金額の対象となる配偶者がいるときは、生計維持認定を行い、加給年金額が加算される。

解答 080 ×　法44条、S60法附則60条／P73　社労士24 P35▼

　本肢の場合、「老齢厚生年金の受給権者」の生年月日に応じた特別加算が行われる。

解答 081 ×　S60法附則60条／P73　社労士24 P35▼

　特別加算額は、老齢厚生年金の受給権者の生年月日が遅いほど「多くなる」。なお、昭和18年4月2日以後に生まれたものについては、同額となる。

解答 082 ×　法44条／P73　社労士24 P35▼

　老齢厚生年金に係る子の加給年金額について、1人当たりの金額は、第2子までは「各224,700円×改定率」、第3子以降は「各74,900円×改定率」となる。つまり、第3子以降は、配偶者の加給年金額の「3分の1」に相当する額となる。

保険給付　第5章　52

問題 083　平2410 E　　□□□□□□□

　　老齢厚生年金（その年金額の計算の基礎となる被保険者期間が240か月以上であるものとする。）の受給権を取得した当時胎児であった子が出生したときは、受給権者がその権利を取得した当時その者によって生計を維持していた子とみなし、その出生の月の翌月から年金額を改定する。

問題 084　令0503 D　㊟　□□□□□□□

　　老齢厚生年金における加給年金額の加算対象となる配偶者が、繰上げ支給の老齢基礎年金の支給を受けるときは、当該配偶者に係る加給年金額は支給が停止される。

問題 085　平2805 B　　□□□□□□□

　　加給年金額が加算された老齢厚生年金について、その加算の対象となる配偶者が老齢厚生年金の支給を受けることができるときは、その間、加給年金額の部分の支給が停止されるが、この支給停止は当該配偶者の老齢厚生年金の計算の基礎となる被保険者期間が300か月以上の場合に限られる。

問題 086　令0409 E　　□□□□□□□

　　加給年金額が加算されている老齢厚生年金の受給者である夫について、その加算の対象となっている妻である配偶者が、老齢厚生年金の計算の基礎となる被保険者期間が240月以上となり、退職し再就職はせずに、老齢厚生年金の支給を受けることができるようになった場合、老齢厚生年金の受給者である夫に加算されていた加給年金額は支給停止となる。

解答 083 ○ 法44条／P74 社労士24P35▼

老齢厚生年金を受給することとなった当時にさかのぼって、額が改定されるわけではない。

解答 084 × 法46条／P74 社労士24P36▼

本肢の配偶者が、繰上げ支給の老齢基礎年金の支給を受けるときであっても、当該配偶者に係る加給年金額は「支給停止されない」。

解答 085 × 法46条／P74 社労士24P36▼

本肢については、「300か月」ではなく「240か月」である。

解答 086 ○ 法46条／P74 社労士24P36▼

記述の通り正しい。

保険給付 第5章 54

問題 087　令0308 D　□□□□□□□□

　　老齢厚生年金における加給年金額の加算の対象となる配偶者が、障害等級
１級若しくは２級の障害厚生年金及び障害基礎年金を受給している間、当該
加給年金額は支給停止されるが、障害等級３級の障害厚生年金若しくは障害
手当金を受給している場合は支給停止されることはない。

問題 088　平2709 C　□□□□□□□□

　　子に係る加給年金額が加算された老齢厚生年金について、その加給年金額
の対象者である子が養子縁組によって当該老齢厚生年金の受給権者の配偶者
の養子になったときは、その翌月から当該子に係る加給年金額は加算されな
いこととなる。

問題 089　平2808 C　□□□□□□□□

　　老齢厚生年金の受給権者がその権利を取得した当時その者によって生計を
維持していた子が18歳に達した日以後の最初の３月31日が終了したため、子
に係る加給年金額が加算されなくなった。その後、その子は、20歳に達する
日前までに障害等級１級又は２級に該当する程度の障害の状態となった。こ
の場合、その子が20歳に達するまで老齢厚生年金の額にその子に係る加給年
金額が再度加算される。

問題 090　令0403 B　□□□□□□□□

　　老齢厚生年金の加給年金額の加算の対象となっていた子（障害等級に該当
する障害の状態にないものとする。）が、18歳に達した日以後の最初の３月
31日よりも前に婚姻したときは、その子が婚姻した月の翌月から加給年金額
の加算がされなくなる。

55　第５章　保険給付

解答 087 × 法46条、令3条の7／P74 社労士24P36▼

　加算対象となる配偶者が、老齢厚生年金（その年金額の計算の基礎となる被保険者期間の月数が240以上であるものに限る。）、「障害厚生年金」、国民年金法による障害基礎年金その他の年金たる給付のうち、老齢若しくは退職又は障害を支給事由とする給付であって政令で定めるものの支給を受けることができるときは、その間、当該配偶者に係る加給年金額は「支給停止される」。よって、障害等級3級の障害厚生年金を受給している場合は加給年金額が支給停止される。なお、障害手当金は年金たる給付ではないことから、障害手当金を受給している場合であっても加給年金額は支給停止されない。

解答 088 × 法44条／P75 社労士24P36▼

　子に係る加給年金額が加算された老齢厚生年金について、その加給年金額の対象者である子が当該老齢厚生年金の受給権者の「配偶者以外の者」の養子になったときは、その翌月から当該子に係る加給年金額は加算されないこととなる。

解答 089 × 法44条／P75 社労士24P36▼

　本肢の場合、加給年金額の再度の加算は行われない。

解答 090 ○ 法44条／P75 社労士24P36▼

　記述の通り正しい。

保険給付　第5章　56

問題 091　令0406 E　□□□□□□□

　老齢厚生年金の加給年金額の対象となっている配偶者が、収入を増加させて、受給権者による生計維持の状態がやんだ場合であっても、当該老齢厚生年金の加給年金額は減額されない。

問題 092　平2605 A　□□□□□□□

　加給年金額の対象となる配偶者（昭和24年4月2日生まれ）が受給資格期間を満たさないため老齢基礎年金を受給できない場合には、当該配偶者が65歳に達した日の属する月の翌月以後も引き続き加給年金額が加算される。

問題 093　令0506 A　㊟　□□□□□□□

　第2号厚生年金被保険者期間のみを有する昭和36年1月1日生まれの女性で、特別支給の老齢厚生年金の受給資格要件を満たす場合、報酬比例部分の支給開始年齢は64歳である。

問題 094　令0303 D　□□□□□□□

　厚生年金保険法附則第8条の2に定める「特例による老齢厚生年金の支給開始年齢の特例」の規定によると、昭和35年8月22日生まれの第4号厚生年金被保険者期間のみを有する女子と、同日生まれの第4号厚生年金被保険者期間のみを有する男子とでは、特別支給の老齢厚生年金の支給開始年齢は同じである。

問題 095　令0303 C　□□□□□□□

　厚生年金保険法附則第8条の2に定める「特例による老齢厚生年金の支給開始年齢の特例」の規定によると、昭和35年8月22日生まれの第1号厚生年金被保険者期間のみを有する女子と、同日生まれの第1号厚生年金被保険者期間のみを有する男子とでは、特別支給の老齢厚生年金の支給開始年齢が異なる。なお、いずれの場合も、坑内員たる被保険者であった期間及び船員たる被保険者であった期間を有しないものとする。

57　第5章　保険給付

解答 091 ×　法44条／P75　社労士24P36▼

　受給権者による生計維持の状態がやんだ場合は、加給年金額を加算しない
ものとし、その翌月から、老齢厚生年金の額が改定される。

解答 092 ×　法44条／P76　社労士24P36▼

　加給年金額の対象となる配偶者（大正15年4月2日以後に生まれた者とす
る。）が65歳に達したときは、その配偶者が老齢基礎年金を受給できない場
合であっても、加給年金額の権利は消滅する。

解答 093 ○　法附則8条の2／P78　社労士24P27▼

　記述の通り正しい。

解答 094 ○　法附則8条の2／P78　社労士24P27▼

　本肢の者の特別支給の老齢厚生年金の支給開始年齢は、いずれも「64歳」
である。

解答 095 ○　法附則8条の2／P78・80　社労士24P27・28▼

　昭和35年8月22日生まれの第1号厚生年金被保険者期間のみを有する女子
の特別支給の老齢厚生年金の支給開始年齢は「62歳」、同日生まれの第1号
厚生年金被保険者期間のみを有する男子の特別支給の老齢厚生年金の支給開
始年齢は「64歳」である。

保険給付　第5章　58

問題 096　令0309 A　　□□□□□□□

　　昭和35年4月10日生まれの女性は、第1号厚生年金被保険者として5年、第2号厚生年金被保険者として35年加入してきた（これらの期間以外被保険者期間は有していないものとする。）。当該女性は、62歳から第1号厚生年金被保険者期間としての報酬比例部分の特別支給の老齢厚生年金が支給され、64歳からは、第2号厚生年金被保険者期間としての報酬比例部分の特別支給の老齢厚生年金についても支給される。

問題 097　平2910 B　　□□□□□□□

　　昭和29年4月1日生まれの女性（障害の状態になく、第1号厚生年金被保険者期間を120か月、国民年金の第1号被保険者としての保険料納付済期間を180か月有するものとする。）が、特別支給の老齢厚生年金における報酬比例部分を受給することができるのは60歳からであり、また、定額部分を受給することができるのは64歳からである。なお、支給繰上げの請求はしないものとする。

問題 098　平2907 C　　□□□□□□□

　　被保険者期間の月数を12か月以上有する昭和31年4月2日生まれの男性が老齢厚生年金の支給繰上げの請求をした場合、その者に支給する老齢厚生年金の額の計算に用いる減額率は、請求日の属する月から62歳に達する日の属する月の前月までの月数に一定率を乗じて得た率である。なお、本問の男性は、第1号厚生年金被保険者期間のみを有し、かつ、坑内員たる被保険者であった期間及び船員たる被保険者であった期間を有しないものとする。

59　第5章　保険給付

解答 096　○　法附則 8 条の 2 ／ P 78・80　社労士24 P 27・28▼

記述の通り正しい。

解答 097　○　H6法附則20条／ P 79　社労士24 P 28▼

記述の通り正しい。

解答 098　○　法附則13条の 4 ／ P 85　社労士24 P 27・30▼

【支給の繰上げの特例の支給対象者】

①　男子及び第 2 号から第 4 号厚生年金被保険者等である女子

　　昭和28年 4 月 2 日から昭和36年 4 月 1 日までの間に生まれた者であって、支給開始年齢に達していない一定のもの

②　第 1 号厚生年金被保険者等である女子

　　昭和33年 4 月 2 日から昭和41年 4 月 1 日までの間に生まれた者であって、支給開始年齢に達していない一定のもの

保険給付　第 5 章　60

問題 099　平2804E　☐☐☐☐☐☐☐

　　特別支給の老齢厚生年金の報酬比例部分の支給開始年齢が61歳である昭和29年4月2日生まれの男性が60歳に達した日の属する月の翌月からいわゆる全部繰上げの老齢厚生年金を受給し、かつ60歳から62歳まで継続して第1号厚生年金被保険者であった場合、その者が61歳に達したときは、61歳に達した日の属する月前における被保険者であった期間を当該老齢厚生年金の額の計算の基礎とし、61歳に達した日の属する月の翌月から年金額が改定される。

問題 100　令0506E　㊝　☐☐☐☐☐☐☐

　　報酬比例部分のみの特別支給の老齢厚生年金の受給権を有する者が、被保険者でなく、かつ、障害の状態にあるときは、老齢厚生年金の額の計算に係る特例の適用を請求することができる。ただし、ここでいう障害の状態は、厚生年金保険の障害等級1級又は2級に該当する程度の障害の状態に限定される。

問題 101　O　　　R　☐☐☐☐☐☐☐

　　報酬比例部分のみの60歳台前半の老齢厚生年金の受給権者（加給年金額の対象者は有していないものとする。）が、被保険者であり、かつ、傷病により障害等級に該当する程度の障害の状態（以下「障害状態」という。）にあるとき（その傷病が治らない場合（その症状が固定し治療の効果が期待できない状態にある場合を除く。）にあっては、その傷病に係る初診日から起算して1年6か月を経過した日以後においてその傷病により障害状態にあるとき。）は、その者の請求により、当該請求があった月の翌月から、定額部分が加算された年金額に改定される。

61　第5章　保険給付

解答 099 ○　法附則13条の4／P86　社労士24P27・31▼

　　支給の繰上げの特例による老齢厚生年金の受給権者（報酬比例部分の支給開始年齢が引き上げられている者が対象者。）であって、支給繰上げの請求があった日以後の被保険者期間を有するものが支給開始年齢に達したときは、当該年齢に達した日の属する月前における被保険者であった期間を当該老齢厚生年金の額の計算の基礎とするものとし、当該年齢に達した日の属する月の翌月から、年金の額を改定する。

解答 100　×　法附則9条の2／P87　社労士24P37・38▼

　　本肢の障害の状態は、厚生年金保険の障害等級「1級、2級又は3級」に該当する程度の障害の状態である。

解答 101　×　法附則9条の2／P87　社労士24P37▼

　　本肢の障害者特例については、「被保険者でない」ことが要件である。

　　　+α【障害者特例の要件】
　　　　・報酬比例部分の年金を受給
　　　　・被保険者でない
　　　　・障害等級1級〜3級に該当する程度の障害の状態にある
　　　　・請求が必要
　　　　【障害者特例による改定時期】
　　　　・請求月の翌月（障害厚生年金等受給権者は該当月の翌月）
　　　　【効果】
　　　　・報酬比例部分＋定額部分＋加給年金額に改定

保険給付　第5章　62

問題 102　O　　R　□□□□□□□□

　60歳台前半の老齢厚生年金の受給権者（昭和29年4月2日から昭和41年4月1日までの間に生まれた第1号厚生年金被保険者期間を有する女子とする。）が、その権利を取得した当時、被保険者でなく、かつ、その者の被保険者期間が40年以上であるときは、当該老齢厚生年金の額は、報酬比例部分の年金額に定額部分の年金額が加算される。

問題 103　平2508B　□□□□□□□□

　在職老齢年金の支給停止額を計算する際の「総報酬月額相当額」とは、その者の標準報酬月額と直前の7月1日以前1年間の標準賞与額の総額を12で除して得た額とを合算した額である。

問題 104　令0408A　□□□□□□□□

　在職老齢年金の支給停止額を計算する際に用いる総報酬月額相当額は、在職中に標準報酬月額や標準賞与額が変更されることがあっても、変更されない。

問題 105　O　　R　□□□□□□□□

　特別支給の老齢厚生年金が、在職老齢年金によりその一部が支給停止されている場合、当該老齢厚生年金に加算されている加給年金額は支給停止される。

63　第5章　保険給付

解答 102 ×　法附則9条の3／P89　社労士24 P38▼

　本肢の特例については、被保険者期間が「40年以上」ではなく「44年以上」必要である。

> **+α**　【長期加入特例の要件】
> ・報酬比例部分の年金を受給
> ・被保険者でない
> ・被保険者期間が44年以上である
> ※44年→2以上の種別は合算しない
> ・請求は不要
> 【長期加入特例による改定時期】
> ・該当月の翌月
> 【効果】
> ・報酬比例部分＋定額部分＋加給年金額に改定

解答 103 ×　法46条／P92　社労士24 P40▼

　総報酬月額相当額とは、標準報酬月額と「被保険者である日等が属する月以前」の1年間の標準賞与額の総額を12で除して得た額とを合算して得た額である。

解答 104 ×　法46条、附則11条／P92　社労士24 P40▼

　総報酬月額相当額については、老齢厚生年金の受給権者が一定の被保険者等である日が属する月における「（標準報酬月額）＋（その月以前の1年間の標準賞与額の総額÷12）」で算定される。したがって、在職中に標準報酬月額や標準賞与額が変更された場合、総報酬月額相当額も変更される。

解答 105 ×　H6法附則21条／P94　社労士24 P41▼

　特別支給の老齢厚生年金が、在職老齢年金によりその全額が支給停止されている場合は、当該老齢厚生年金に加算されている加給年金額は支給停止されるが、「その一部が支給停止されている場合は、支給停止されない」。

保険給付　第5章　64

問題 106　平2708 E　　□□□□□□□

　　在職老齢年金を受給する者の総報酬月額相当額が改定された場合は、改定が行われた月の翌月から、新たな総報酬月額相当額に基づいて支給停止額が再計算され、年金額が改定される。

問題 107　令0109 C　　□□□□□□□

　　老齢厚生年金と雇用保険法に基づく給付の調整は、特別支給の老齢厚生年金又は繰上げ支給の老齢厚生年金と基本手当又は高年齢求職者給付金との間で行われ、高年齢雇用継続給付との調整は行われない。

問題 108　平2605 D　　□□□□□□□

　　加給年金額が加算された60歳台前半の老齢厚生年金が、雇用保険の基本手当との調整により支給停止される場合であっても、加給年金額については支給停止されない。

問題 109　平2910 C　　□□□□□□□

　　特別支給の老齢厚生年金は、その受給権者が雇用保険法の規定による基本手当の受給資格を有する場合であっても、当該受給権者が同法の規定による求職の申込みをしないときは、基本手当との調整の仕組みによる支給停止は行われない。

65　第5章　保険給付

解答 106 ✕ 法46条、附則11条／Ｐ95 社労士24Ｐ41▼

　老齢厚生年金の受給権者について、その者の総報酬月額相当額が改定された場合は、改定が行われた「月」から新たな総報酬月額相当額に基づいて支給停止基準額が再計算され、当該改定が行われた「月」から、年金額が改定される。

解答 107 ✕ 法附則７条の５／Ｐ95 社労士24Ｐ42▼

　特別支給の老齢厚生年金との支給調整の対象となるのは、「基本手当又は高年齢雇用継続給付」であり、65歳以後の者に支給される高年齢求職者給付金は対象とならない。

解答 108 ✕ 法附則11条の５／Ｐ96 社労士24Ｐ－▼

　加給年金額が加算された60歳台前半の老齢厚生年金が、雇用保険の基本手当との調整により支給停止される場合においては、加給年金額についても「支給停止される」。

解答 109 ○ 法附則７条の４／Ｐ97 社労士24Ｐ42▼

　受給権者（雇用保険法に規定する受給資格を有する者であって65歳未満であるものに限る。）が求職の申込みをしたときに、基本手当との調整が行われる。

保険給付　第５章　66

問題 110　平3009 E　　□ □ □ □ □ □ □

　　雇用保険法に基づく基本手当と60歳台前半の老齢厚生年金の調整は、当
該老齢厚生年金の受給権者が、管轄公共職業安定所への求職の申込みを行う
と、当該求職の申込みがあった月の翌月から当該老齢厚生年金が支給停止さ
れるが、当該基本手当の受給期間中に失業の認定を受けなかったことにより、
1日も当該基本手当の支給を受けなかった月が1か月あった場合は、受給期
間経過後又は受給資格に係る所定給付日数分の当該基本手当の支給を受け終
わった後に、事後精算の仕組みによって直近の1か月について当該老齢厚生
年金の支給停止が解除される。

問題 111　令0308 B　　□ □ □ □ □ □ □

　　60歳台前半の老齢厚生年金の受給権者が同時に雇用保険法に基づく基本手
当を受給することができるとき、当該老齢厚生年金は支給停止されるが、同
法第33条第1項に規定されている正当な理由がなく自己の都合によって退職
した場合などの離職理由による給付制限により基本手当を支給しないとされ
る期間を含めて支給停止される。

問題 112　令0408 D　　□ □ □ □ □ □ □

　　60歳以降も在職している被保険者が、60歳台前半の老齢厚生年金の受給権
者であって被保険者である場合で、雇用保険法に基づく高年齢雇用継続基本
給付金の支給を受けることができるときは、その間、60歳台前半の老齢厚生
年金は全額支給停止となる。

問題 113　令0506 C　新　□ □ □ □ □ □ □

　　特別支給の老齢厚生年金については、雇用保険法による高年齢雇用継続給
付との併給調整が行われる。ただし、在職老齢年金の仕組みにより、老齢厚
生年金の全部又は一部が支給停止されている場合は、高年齢雇用継続給付と
の併給調整は行われない。

67　第5章　保険給付

解答 110　×　法附則７条の４／P98　社労士24P43▼

　本肢のように、基本手当との調整が行われる期間（調整対象期間）について、基本手当の支給を受けた日とみなされる日及びこれに準ずる日として政令で定める日がない月があるときは、その月分の老齢厚生年金の支給は停止されない（老齢厚生年金が支給される。）。したがって、事後精算の仕組みによって直近の１か月について当該老齢厚生年金の支給停止が解除されるわけではない。

解答 111　×　法附則７条の４、11条の５／P99等　社労士24P42・43▼

　「基本手当を受給することができるとき」ではなく、「求職の申込みをしたとき」に老齢厚生年金は支給停止される。また、給付制限により基本手当を支給しないとされる期間は、一定の要件に該当するときは、事後精算により、老齢厚生年金の支給停止が行われなかったものとみなされる。

解答 112　×　法附則11条の６／P101　社労士24P44▼

　60歳台前半の老齢厚生年金の受給権者が、雇用保険法に基づく高年齢雇用継続基本給付金の支給を受けることができるときは、本肢のように全額支給停止となるわけではなく、当該老齢厚生年金について一定の方法により計算した金額が支給停止される。

解答 113　×　法附則11条の６／P101　社労士24P44▼

　特別支給の老齢厚生年金については、在職老齢年金の仕組みにより、老齢厚生年金の全部又は一部が支給停止されている場合であっても、「高年齢雇用継続給付との併給調整は行われる」。

保険給付　第5章　68

第4節　65歳から支給する老齢厚生年金

問題 114　令0409 B　□□□□□□□

　65歳以上の老齢厚生年金受給者については、毎年基準日である7月1日において被保険者である場合、基準日の属する月前の被保険者であった期間をその計算の基礎として、基準日の属する月の翌月から、年金の額を改定する在職定時改定が導入された。

問題 115　令0509 D　🆕　□□□□□□□

　厚生年金保険法第43条第2項の在職定時改定の規定において、基準日が被保険者の資格を喪失した日から再び被保険者の資格を取得した日までの間に到来し、かつ、当該被保険者の資格を喪失した日から再び被保険者の資格を取得した日までの期間が1か月以内である場合は、基準日の属する月前の被保険者であった期間を老齢厚生年金の額の計算の基礎として、基準日の属する月の翌月から年金の額を改定するものとする。

問題 116　令0406 C　□□□□□□□

　老齢厚生年金（その年金額の計算の基礎となる被保険者期間の月数が240以上であるものに限る。）の受給権者が、受給権を取得した以後に初めて婚姻し、新たに65歳未満の配偶者の生計を維持するようになった場合には、当該配偶者に係る加給年金額が加算される。

問題 117　令0303 A　□□□□□□□

　障害等級2級に該当する程度の障害の状態であり老齢厚生年金における加給年金額の加算の対象となっている受給権者の子が、17歳の時に障害の状態が軽減し障害等級2級に該当する程度の障害の状態でなくなった場合、その時点で加給年金額の加算の対象から外れ、その月の翌月から年金の額が改定される。

69　第5章　保険給付

第4節　65歳から支給する老齢厚生年金

解答 114　×　法43条、附則9条／P104　社労士24 P46▼

本肢の「7月1日」は、正しくは「9月1日」である。

解答 115　○　法43条／P105　社労士24 P46▼

記述の通り正しい。

解答 116　×　法44条／P105　社労士24 P46▼

本肢の場合、生計維持の認定は「受給権を取得した当時」において行われる。したがって、本肢の場合には、加給年金額は「加算されない」。

解答 117　×　法44条／P105・75　社労士24 P45・36▼

障害等級1級又は2級に該当する障害の状態にある子は、その事情がやんだときであっても、18歳に達する日以後の最初の3月31日までの間にある子であれば、引き続き加算の対象である。

保険給付　第5章　70

問題 118　令0302 A　□□□□□□□

　厚生年金保険の被保険者期間の月数にかかわらず、60歳以上の厚生年金保険の被保険者期間は、老齢厚生年金における経過的加算額の計算の基礎とされない。

問題 119　令0509 A　🆕　□□□□□□□

　今年度65歳に達する被保険者甲と乙について、20歳に達した日の属する月から60歳に達した日の属する月の前月まで厚生年金保険に加入した甲と、20歳に達した日の属する月から65歳に達した日の属する月の前月まで厚生年金保険に加入した乙とでは、老齢厚生年金における経過的加算の額は異なる。

問題 120　令0506 D　🆕　□□□□□□□

　報酬比例部分のみの特別支給の老齢厚生年金の受給権を有する者であって、受給権を取得した日から起算して1年を経過した日前に当該老齢厚生年金を請求していなかった場合は、当該老齢厚生年金の支給繰下げの申出をすることができる。

問題 121　令0509 B　🆕　□□□□□□□

　老齢厚生年金の支給繰下げの申出をした者に支給する繰下げ加算額は、老齢厚生年金の受給権を取得した日の属する月までの被保険者期間を基礎として計算した老齢厚生年金の額と在職老齢年金の仕組みによりその支給を停止するものとされた額を勘案して、政令で定める額とする。

71　第5章　保険給付

解答 118 × S60法附則59条／P107 社労士24 P47▼

　経過的加算の額は、【「定額部分の額」－「老齢基礎年金相当額」】で計算される。したがって、60歳以上の厚生年金保険の被保険者期間は、一定の上限のうちで定額部分の計算の基礎となっていることから、老齢厚生年金における経過的加算額の計算の基礎となる。

解答 119 × S60法附則59条／P107 社労士24 P47▼

　経過的加算の額は、【「定額部分の額」－「老齢基礎年金相当額（※）」】で計算される。したがって、本肢の甲と乙については、老齢厚生年金における経過的加算の額は「同じ」である。

　※老齢基礎年金相当額＝「老齢基礎年金の満額」×「昭和36年4月1日以後で20歳以上60歳未満の厚生年金保険の被保険者期間の月数／480」

解答 120 × 法44条の3／P108 社労士24 P48▼

　特別支給の老齢厚生年金については、受給権者が65歳に達したときに受給権が消滅するため、特別支給の老齢厚生年金それ自体の繰り下げはできない。

解答 121 × 令3条の5の2／P108 社労士24 P48▼

　老齢厚生年金の支給繰下げの申出をした者に支給する繰下げ加算額は、老齢厚生年金の受給権を取得した日の属する月「の前月」までの被保険者期間を基礎として計算した老齢厚生年金の額と在職老齢年金の仕組みによりその支給を停止するものとされた額を勘案して、政令で定める額とする。

保険給付　第5章　72

問題 122 O R ☐☐☐☐☐☐☐

老齢厚生年金の支給繰下げの際に加算する額の計算に係る増額率は、1000分の420を上回ることはない。

問題 123 令0509C 新 ☐☐☐☐☐☐☐ ☆

65歳到達時に老齢厚生年金の受給権が発生していた者が、72歳のときに老齢厚生年金の裁定請求をし、かつ、請求時に繰下げの申出をしない場合には、72歳から遡って5年分の年金給付が一括支給されることになるが、支給される年金には繰下げ加算額は加算されない。

問題 124 O R ☐☐☐☐☐☐☐ ☆

昭和36年4月2日以後に生まれた一般男子に支給される繰上げ支給の老齢厚生年金（その年金額の計算の基礎となる月数が240以上であるものとする。）の額には、受給権者がその権利を取得した当時その者によって生計を維持していたその者の65歳未満の配偶者がいるときは、加給年金額が加算される。

問題 125 令0406D ☐☐☐☐☐☐☐ ☆

報酬比例部分のみの特別支給の老齢厚生年金の年金額には、加給年金額は加算されない。また、本来支給の老齢厚生年金の支給を繰り上げた場合でも、受給権者が65歳に達するまで加給年金額は加算されない。

73　第5章　保険給付

解答 122　×　法44条の3、令3条の5の2／P109　社労士24 P48▼

　　増額率は、1000分の7に、当該年金の受給権を取得した日の属する月から当該年金の支給の繰下げの申出をした日の属する月の前月までの月数（当該月数が120を超えるときは、120。）を乗じて得た率とされているので、「1000分の840を上回ることはない」。

解答 123　×　法44条の3／P112　社労士24 P49▼

　　本肢の場合、裁定請求をした日の5年前の日に繰下げの申出があったものとみなされるため、支給される年金には「繰下げ加算額が加算される」。

解答 124　×　法44条、附則7条の3／P114　社労士24 P51▼

　　本肢の繰上げ支給の老齢厚生年金の加給年金額に係る生計維持関係の認定時期は、「65歳に達した当時」である。

解答 125　○　法44条、附則7条の3／P114・72　社労士24 P51・35▼

　　記述の通り正しい。

保険給付　第5章　74

問題 126　令0405　□□□□□□□

　老齢厚生年金の支給繰上げ、支給繰下げに関する次の記述のうち、誤っているものはどれか。

　A　老齢厚生年金の支給繰上げの請求は、老齢基礎年金の支給繰上げの請求を行うことができる者にあっては、その請求を同時に行わなければならない。

　B　昭和38年4月1日生まれの男性が老齢厚生年金の支給繰上げの請求を行い、60歳0か月から老齢厚生年金の受給を開始する場合、その者に支給する老齢厚生年金の額の計算に用いる減額率は24パーセントとなる。

　C　68歳0か月で老齢厚生年金の支給繰下げの申出を行った者に対する老齢厚生年金の支給は、当該申出を行った月の翌月から開始される。

　D　老齢厚生年金の支給繰下げの申出を行った場合でも、経過的加算として老齢厚生年金に加算された部分は、当該老齢厚生年金の支給繰下げの申出に応じた増額の対象とはならない。

　E　令和4年4月以降、老齢厚生年金の支給繰下げの申出を行うことができる年齢の上限が70歳から75歳に引き上げられた。ただし、その対象は、同年3月31日時点で、70歳未満の者あるいは老齢厚生年金の受給権発生日が平成29年4月1日以降の者に限られる。

問題 127　令0408B　□□□□□□□

　在職老齢年金は、総報酬月額相当額と基本月額との合計額が支給停止調整額を超える場合、年金額の一部又は全部が支給停止される仕組みであるが、適用事業所に使用される70歳以上の者に対しては、この在職老齢年金の仕組みが適用されない。

問題 128　平2901C　□□□□□□□

　60歳台後半の在職老齢年金の仕組みにおいて、経過的加算額及び繰下げ加算額は、支給停止される額の計算に用いる基本月額の計算の対象に含まれる。

解答 126　D

A　○　法附則７条の３／Ｐ114　社労士24Ｐ51▼
　記述の通り正しい。

B　○　法附則７条の３、令６条の３／Ｐ114　社労士24Ｐ51▼
　本肢については、減額率は「４/1000×60か月＝24％」となる。

C　○　法44条の３／Ｐ108　社労士24Ｐ48▼
　記述の通り正しい。

D　×　令３条の５の２／Ｐ108　社労士24Ｐ48▼
　経過的加算額は、老齢厚生年金の支給繰下げの申出に応じた増額の対
　象となる。

E　○　老齢厚生年金の支給の繰下げに関する経過措置
　　　　／Ｐ－　社労士24Ｐ－▼
　記述の通り正しい。

解答 127　×　法46条／Ｐ116　社労士24Ｐ52▼

　適用事業所に使用される70歳以上の者に対しても、在職老齢年金の仕組み
が適用される。

解答 128　×　法46条／Ｐ117　社労士24Ｐ52▼

　経過的加算額及び繰下げ加算額は、基本月額の計算の対象に「含まれない」。

保険給付　第５章　76

問題 129　令0307 B　□□□□□□□

　在職中の老齢厚生年金の支給停止の際に用いる総報酬月額相当額とは、被保険者である日の属する月において、その者の標準報酬月額とその月以前の１年間の標準賞与額の総額を12で除して得た額とを合算して得た額のことをいい、また基本月額とは、老齢厚生年金の額（その者に加給年金額が加算されていればそれを加算した額）を12で除して得た額のことをいう。

問題 130　O　　R　□□□□□□□

　加給年金額が加算された老齢厚生年金の受給権者について、65歳以後の在職老齢年金に係る支給停止基準額が加給年金額を除く老齢厚生年金の額以上であるときは、加給年金額を除く老齢厚生年金の支給が停止されるが、加給年金額は支給停止されない。

問題 131　令0408 C　□□□□□□□

　在職中の被保険者が65歳になり老齢基礎年金の受給権が発生した場合において、老齢基礎年金は在職老齢年金の支給停止額を計算する際に支給停止の対象とはならないが、経過的加算額については在職老齢年金の支給停止の対象となる。

77　第5章　保険給付

解答 129 ×　法46条／P117　社労士24 P52▼

　　基本月額は、老齢厚生年金の額を12で除して得た額のことをいうが、当該老齢厚生年金の額から加給年金額は「除かれる」。

解答 130 ×　法46条／P118　社労士24 P53▼

　　本肢の場合、65歳以後の在職老齢年金に係る支給停止基準額が加給年金額を除く老齢厚生年金の額以上であるときは、「加給年金額を含めた老齢厚生年金の全部」の支給が停止される。

解答 131 ×　S60法附則62条／P118　社労士24 P53▼

　　経過的加算額は、在職老齢年金の支給停止の対象とならない。

保険給付　第5章　　78

第5節 障害厚生年金

問題 132 平2304 D □□□□□□□

傷病の初診日において65歳未満の被保険者であり、障害認定日において障害等級の1級、2級又は3級に該当する程度の障害の状態にあり、かつ保険料納付要件を満たしているときは、当該障害に係る障害認定日が65歳に達する日前までになくても、障害厚生年金を支給する。

問題 133 令0204 B □□□□□□□

71歳の高齢任意加入被保険者が障害認定日において障害等級3級に該当する障害の状態になった場合は、当該高齢任意加入被保険者期間中に当該障害に係る傷病の初診日があり、初診日の前日において保険料の納付要件を満たしているときであっても、障害厚生年金は支給されない。

問題 134 令0204 E □□□□□□□

厚生年金保険の被保険者であった者が資格を喪失して国民年金の第1号被保険者の資格を取得したが、その後再び厚生年金保険の被保険者の資格を取得した。国民年金の第1号被保険者であった時に初診日がある傷病について、再び厚生年金保険の被保険者となってから障害等級3級に該当する障害の状態になった場合、保険料納付要件を満たしていれば当該被保険者は障害厚生年金を受給することができる。

問題 135 平2603 E □□□□□□□

厚生年金保険の被保険者であった18歳の時に初診日がある傷病について、その障害認定日に障害等級3級の障害の状態にある場合には、その者は障害等級3級の障害厚生年金の受給権を取得することができる。

第5節　障害厚生年金

解答 132　○　法47条／P120等　社労士24P54等▼

　障害認定日において、障害等級1級、2級又は3級に該当するときは、当該障害に係る障害認定日が65歳以後にあるとしても、他の所定の要件を満たせば、障害厚生年金は支給される。なお、障害認定日において障害等級1級、2級又は3級に「該当しなかった」者が、同日後65歳に達する日の前日までの間において、その傷病により障害等級1級、2級又は3級に該当するに至ったときは、その期間内に、事後重症による障害厚生年金の支給を請求することができる。

解答 133　×　法47条／P120等　社労士24P54等▼

本肢の場合、障害厚生年金が支給される。

解答 134　×　法47条／P120等　社労士24P54等▼

　初診日において厚生年金保険の被保険者ではない者については、障害厚生年金は支給されない。

解答 135　○　法47条／P120等　社労士24P54等▼

　初診日において被保険者であるものであれば、初診日における年齢にかかわらず、他の所定の要件を満たしていれば障害厚生年金の受給権を取得することができる。

保険給付　第5章　80

問題 136　平2502E　　□□□□□□□

　厚生年金保険法第47条に定める障害認定日は、初診日から起算して1年6か月を経過した日又は当該障害の原因となった傷病が治った日（その症状が固定し、治療の効果が期待できない状態に至った日を含む。）のいずれか早い方である。

問題 137　平2907D　　□□□□□□□

　いわゆる事後重症による障害厚生年金について、障害認定日に障害等級に該当しなかった者が障害認定日後65歳に達する日の前日までに当該傷病により障害等級3級に該当する程度の障害の状態となり、初診日の前日において保険料納付要件を満たしている場合は、65歳に達した日以後であっても障害厚生年金の支給を請求できる。

問題 138　令0103A　　□□□□□□□

　傷病に係る初診日に厚生年金保険の被保険者であった者であって、かつ、当該初診日の属する月の前々月までに、国民年金の被保険者期間を有しない者が、障害認定日において障害等級に該当する程度の障害の状態になかったが、障害認定日後から65歳に達する日までの間に、その傷病により障害等級に該当する程度の障害の状態に該当するに至った場合、その期間内に、障害厚生年金の支給を請求することができる。

問題 139　平2606E　　□□□□□□□

　いわゆる事後重症による障害厚生年金について、対象となる障害の程度は障害等級1級又は2級に限られ、障害の程度が障害等級3級に該当するに至った場合には請求することができない。

81　第5章　保険給付

解答 136 ○ 法47条／P121 社労士24P54▼

記述の通り正しい。

解答 137 × 法47条の２／P124 社労士24P55▼

本肢の場合、65歳に達する日の前日までの間において、請求が必要である。

解答 138 × 法47条の２／P124 社労士24P55▼

本肢の事後重症による障害厚生年金については、障害認定日後65歳に達する日の「前日」までの間に、その傷病により障害等級に該当する程度の障害状態に該当するに至った場合で、65歳に達する日の「前日」までの間に請求することが必要である。

解答 139 × 法47条の２／P124 社労士24P55▼

事後重症による障害厚生年金については、対象となる障害の程度は障害等級「１級、２級又は３級」であるため、障害の程度が障害等級３級に該当するに至った場合には請求することができる。

保険給付 第５章 82

問題 140　令0103 B ☐☐☐☐☐☐☐

　傷病に係る初診日に厚生年金保険の被保険者であった者が、障害認定日において障害等級に該当する程度の障害の状態になかったが、その後64歳のときにその傷病により障害等級に該当する程度の障害の状態に該当するに至った場合、その者が支給繰上げの老齢厚生年金の受給権者であるときは、障害厚生年金の支給を請求することはできない。

問題 141　O　　R ☐☐☐☐☐☐☐

　障害等級３級に該当しない程度の障害の状態にある者が、新たに傷病（以下「基準傷病」という。）を生じ、基準傷病に係る障害認定日以後65歳に達する日の前日までの間において、初めて、基準傷病による障害と他の障害とを併合して障害等級３級に該当する程度の障害の状態に該当するに至ったときは、基準傷病による障害厚生年金が支給される。

問題 142　令0507 D　🆕 ☐☐☐☐☐☐☐

　乙は、視覚障害で障害等級３級の障害厚生年金（その権利を取得した当時から引き続き障害等級１級又は２級に該当しない程度の障害の状態にあるものとする。）を受給している。現在も、厚生年金保険の適用事業所で働いているが、新たな病気により、障害等級３級に該当する程度の聴覚障害が生じた。後発の障害についても、障害厚生年金に係る支給要件が満たされている場合、厚生年金保険法第48条の規定により、前後の障害を併合した障害等級２級の障害厚生年金が乙に支給され、従前の障害厚生年金の受給権は消滅する。

83　第5章　保険給付

解答 140 ○ 法附則16条の3／P124 社労士24P－▼

繰上げ支給の老齢厚生年金の受給権者については、65歳に達しているものと扱われるので、事後重症による障害厚生年金は支給されない。

解答 141 × 法47条の3／P124 社労士24P56▼

基準傷病による障害厚生年金が支給されるのは、65歳に達する日の前日までの間において、基準障害と他の障害とを併合して障害等級「1級又は2級」に該当する程度の障害の状態に該当したときである。

解答 142 × 法47条の3／P125 社労士24P56▼

本肢は、基準傷病による障害厚生年金の規定が適用される場合に該当するため、従前の障害厚生年金の受給権は「消滅しない」。

保険給付 第5章 84

問題 143　平2905D　　□□□□□□□

　障害厚生年金の受給権を取得した当時は障害等級2級に該当したが、現在は障害等級3級である受給権者に対して、新たに障害等級2級の障害厚生年金を支給すべき事由が生じたときは、前後の障害を併合した障害の程度による障害厚生年金を支給することとし、従前の障害厚生年金の受給権は消滅する。

問題 144　平3005E　　□□□□□□□

　障害等級2級に該当する障害厚生年金の受給権者が更に障害厚生年金の受給権を取得した場合において、新たに取得した障害厚生年金と同一の傷病について労働基準法第77条の規定による障害補償を受ける権利を取得したときは、一定の期間、その者に対する従前の障害厚生年金の支給を停止する。

問題 145　平2205D　　□□□□□□□

　障害の程度が障害等級の3級に該当する者に支給する障害厚生年金の額は、2級に該当する者に支給する額の100分の50に相当する額とする。

問題 146　令0103C　　□□□□□□□

　障害等級1級に該当する者に支給する障害厚生年金の額は、老齢厚生年金の額の計算の例により計算した額（当該障害厚生年金の額の計算の基礎となる被保険者期間の月数が300に満たないときは、これを300とする。）の100分の125に相当する額とする。

問題 147　平2907E　　□□□□□□□

　傷病に係る初診日が平成27年9月1日で、障害認定日が平成29年3月1日である障害厚生年金の額の計算において、平成29年4月以後の被保険者期間はその計算の基礎としない。なお、当該傷病以外の傷病を有しないものとする。

解答 143 ○　法48条／P126　社労士24 P57▼

　かつて障害等級１級又は２級に該当したが、現在、その程度が軽くなり、障害等級３級である障害厚生年金の受給権者は、併合認定の対象となる。

解答 144 ×　法49条／P127　社労士24 P －▼

　本肢の場合、「従前の障害厚生年金を支給する」。

解答 145 ×　法50条／P128　社労士24 P58▼

　障害等級３級の障害厚生年金の額は、障害等級２級の障害厚生年金の額と「同額」である。なお、障害等級２級の障害厚生年金には一定の要件を満たす配偶者がいる場合、加給年金額が加算される。

解答 146 ○　法50条／P128　社労士24 P58▼

　記述の通り正しい。

解答 147 ○　法51条／P129　社労士24 P58▼

　障害厚生年金の額の計算において、障害認定日の属する月後における被保険者であった期間はその計算の基礎としない。本肢の場合、障害認定日が平成29年３月１日であることから、平成29年４月以後の被保険者期間はその計算の基礎としない。

保険給付　第５章　86

問題 148　令0410 D　□□□□□□□

　障害等級２級の障害厚生年金の額は、老齢厚生年金の例により計算した額となるが、被保険者期間については、障害認定日の属する月の前月までの被保険者期間を基礎とし、計算の基礎となる月数が300に満たないときは、これを300とする。

問題 149　平2802 B　□□□□□□□

　被保険者である障害厚生年金の受給権者が被保険者資格を喪失した後、被保険者となることなく１か月を経過したときは、資格を喪失した日から起算して１か月を経過した日の属する月から障害厚生年金の額が改定される。

問題 150　O　　　R　□□□□□□□

　昭和21年４月１日以前生まれの者に支給する障害厚生年金の額の計算においては、その計算の基礎となる1000分の5.481の乗率を、その者の生年月日に応じて1000分の7.308から1000分の5.562に読み替えて計算する。

問題 151　令0406 B　□□□□□□□

　昭和９年４月２日以後に生まれた障害等級１級又は２級に該当する障害厚生年金の受給権者に支給される配偶者に係る加給年金額については、受給権者の生年月日に応じた特別加算が行われる。

問題 152　令0406 A　□□□□□□□

　障害等級１級又は２級に該当する者に支給する障害厚生年金の額は、当該受給権者によって生計を維持しているその者の65歳未満の配偶者又は子（18歳に達する日以後最初の３月31日までの間にある子及び20歳未満で障害等級１級又は２級に該当する障害の状態にある子）があるときは、加給年金額が加算された額となる。

87　第５章　保険給付

解答 148 ×　法51条／P129　社労士24 P58▼

　障害厚生年金の額の計算において、被保険者期間については、障害認定日の属する「月」までの被保険者期間を基礎とする。

解答 149 ×　法50条／P129　社労士24 P58▼

　障害厚生年金の額については、退職改定の規定は適用されない。

解答 150 ×　法50条／P129　社労士24 P58▼

　障害厚生年金の額の計算においては、1000分の5.481の給付乗率は定率であり、老齢厚生年金のように生年月日に応じて読み替えることはない。

解答 151 ×　法50条の2／P130　社労士24 P59▼

　障害厚生年金の配偶者に係る加給年金額については、受給権者の生年月日に応じた特別加算は行われない。

解答 152 ×　法50条の2／P130　社労士24 P59▼

　障害厚生年金に子に係る加給年金額はない。

保険給付　第5章　88

問題 153 O　　R　　　□□□□□□□

　障害等級1級に該当する障害厚生年金の受給権者が、その受給権を取得した日の翌日以後にその者によって生計を維持している65歳未満の配偶者を有するに至った場合、当該障害厚生年金の額に加給年金額が加算されることはない。

問題 154 令0108E　　　□□□□□□□

　加給年金額が加算された障害厚生年金の額について、当該加給年金額の対象になっている配偶者（大正15年4月1日以前に生まれた者を除く。）が65歳に達した場合は、当該加給年金額を加算しないものとし、その該当するに至った月の翌月から当該障害厚生年金の額を改定する。

問題 155 平2502C　　　□□□□□□□

　障害厚生年金の額の改定は、実施機関の診査によるほか、受給権者による額の改定の請求によって行うことができる。受給権者による額の改定の請求は、当該受給権者が65歳未満の場合はいつでもできるが、65歳以上の場合は、障害厚生年金の受給権を取得した日又は実施機関の診査を受けた日から起算して1年を経過した日後でなければ行うことができない。

問題 156 平2704D　　　□□□□□□□

　40歳の障害厚生年金の受給権者が実施機関に対し障害の程度が増進したことによる年金額の改定請求を行ったが、実施機関による診査の結果、額の改定は行われなかった。このとき、その後、障害の程度が増進しても当該受給権者が再度、額の改定請求を行うことはできないが、障害厚生年金の受給権者の障害の程度が増進したことが明らかである場合として厚生労働省令で定める場合については、実施機関による診査を受けた日から起算して1年を経過した日以後であれば、再度、額の改定請求を行うことができる。

89　第5章　保険給付

解答 153 ×　法50条の2／P130　社労士24 P 59▼

　本肢の場合、当該配偶者を有するに至った日の属する月の翌月から、当該障害厚生年金の額に加給年金額が加算される。

解答 154 ○　法44条／P131　社労士24 P 59▼

　なお、加算対象となる配偶者が大正15年4月1日以前に生まれた者である場合は、65歳に達したときであっても、加給年金額の権利は消滅せず、引き続き加算が行われる。

解答 155 ×　法52条／P132　社労士24 P 60▼

　本肢の受給権者による額の改定の請求は、「65歳未満の場合であっても」、障害厚生年金の受給権者の障害の程度が増進したことが明らかである場合として厚生労働省令で定める場合を除き、当該障害厚生年金の受給権を取得した日又は実施機関の診査を受けた日から起算して1年を経過した日後でなければ行うことができない。

解答 156 ×　法52条／P132　社労士24 P 60▼

　本肢の場合、障害厚生年金の受給権者の障害の程度が増進したことが明らかである場合として厚生労働省令で定める場合については、実施機関による診査を受けた日から起算して「1年を経過した日後でなくても」、再度、額の改定請求を行うことができる。

問題 157　令0201 D　　□□□□□□□

　障害厚生年金の受給権者が障害厚生年金の額の改定の請求を行ったが、診査の結果、その障害の程度が従前の障害の等級以外の等級に該当すると認められず改定が行われなかった。この場合、当該受給権者は実施機関の診査を受けた日から起算して1年6か月を経過した日後でなければ再び改定の請求を行うことはできない。

問題 158　平2704 B　　□□□□□□□

　63歳の障害等級3級の障害厚生年金の受給権者（受給権を取得した当時から引き続き障害等級1級又は2級に該当したことはなかったものとする。）が、老齢基礎年金を繰上げ受給した場合において、その後、当該障害厚生年金に係る障害の程度が増進したときは、65歳に達するまでの間であれば実施機関に対し、障害の程度が増進したことによる障害厚生年金の額の改定を請求することができる。

問題 159　令0204 C　　□□□□□□□

　障害等級2級に該当する障害基礎年金及び障害厚生年金の受給権者が、症状が軽減して障害等級3級の程度の障害の状態になったため当該2級の障害基礎年金は支給停止となった。その後、その者が65歳に達した日以後に再び障害の程度が増進して障害等級2級に該当する程度の障害の状態になった場合、障害等級2級の障害基礎年金及び障害厚生年金は支給されない。

91　第5章　保険給付

解答 157 ×　法52条／P132　社労士24 P60▼

　本肢の請求は、実施機関の診査を受けた日から起算して「１年」を経過した日後でなければ行うことができない。

解答 158 ×　法52条、附則16条の３／P132　社労士24 P60▼

　繰上げ支給の老齢基礎年金の受給権者であって、かつ、障害厚生年金と同一の支給事由に基づく障害基礎年金の受給権を有しないものについては、本肢の年金額の改定を請求することができない。

解答 159 ×　法52条／P132　社労士24 P60▼

　障害厚生年金と同一の支給事由に基づく障害基礎年金の受給権を有している場合、年齢にかかわらず障害厚生年金の年金額の改定を行うことができる。したがって、本肢の場合、障害等級２級の障害基礎年金及び障害厚生年金が支給される。

保険給付　第５章　92

問題 160　令0507C　🆕　□□□□□□□□　☆

　甲は、厚生年金保険に加入しているときに生じた障害により、障害等級2級の障害基礎年金と障害厚生年金を受給している。現在は、自営業を営み、国民年金に加入しているが、仕事中の事故によって、新たに障害等級2級に該当する程度の障害の状態に至ったため、甲に対して更に障害基礎年金を支給すべき事由が生じた。この事例において、前後の障害を併合した障害の程度が障害等級1級と認定される場合、新たに障害等級1級の障害基礎年金の受給権が発生するとともに、障害厚生年金の額も改定される。

問題 161　平2809D　□□□□□□□

　障害厚生年金は、その受給権者が当該障害厚生年金に係る傷病と同一の傷病について労働者災害補償保険法の規定による障害補償給付を受ける権利を取得したときは、6年間その支給を停止する。

問題 162　O　　　R　□□□□□□□

　障害厚生年金の受給権者が当該傷病以外の支給事由によって労働基準法第77条の規定による障害補償を受けた場合、当該障害厚生年金は6年間支給停止されることとなる。

問題 163　O　　　R　□□□□□□□

　障害手当金は、疾病にかかり、又は負傷し、その傷病に係る初診日において被保険者（その前日において保険料納付要件を満たしている者に限る。）である者が、障害認定日から起算してその傷病により政令で定める程度の障害の状態に該当することなく2年を経過した者に支給する。

解答 160 ○　法52条の2／P134　社労士24P－▼

記述の通り正しい。

解答 161 ×　法54条／P135　社労士24P61▼

障害厚生年金は、その受給権者が当該傷病について「労働基準法の規定による障害補償」を受ける権利を取得したときは、6年間、その支給を停止する。

解答 162 ×　法54条／P135　社労士24P61▼

障害厚生年金の受給権者が、「同一の事由」による労働基準法の障害補償を受けた場合、当該障害厚生年金は支給停止されるが、異なる事由による労働基準法の障害補償を受けた場合、当該障害厚生年金は支給停止されない。

解答 163 ×　法55条／P137　社労士24P62▼

障害手当金は、疾病にかかり、又は負傷し、その傷病に係る初診日において被保険者である者が、当該「初診日」から起算して「5年を経過する日まで」の間におけるその傷病の治った日において、その傷病により政令で定める程度の「障害の状態にある」場合に、その者に支給する。

保険給付　第5章　94

問題 164　令0310 B　□□□□□□□

　第１号厚生年金被保険者期間中の60歳の時に業務上災害で負傷し、初診日から１年６か月が経過した際に傷病の症状が安定し、治療の効果が期待できない状態（治癒）になった。その障害状態において障害手当金の受給権を取得することができ、また、労災保険法に規定されている障害補償給付の受給権も取得することができた。この場合、両方の保険給付が支給される。

問題 165　令0403 D　□□□□□□□

　障害手当金の受給要件に該当する被保険者が、障害手当金の障害の程度を定めるべき日において遺族厚生年金の受給権者である場合は、その者には障害手当金は支給されない。

問題 166　令0507 E　🆕　□□□□□□□

　障害手当金の額は、厚生年金保険法第50条第１項の規定の例により計算した額の100分の200に相当する額である。ただし、その額が、障害基礎年金２級の額に２を乗じて得た額に満たないときは、当該額が障害手当金の額となる。

第6節　遺族厚生年金

問題 167　令0201 C　□□□□□□□

　老齢厚生年金の受給権者（保険料納付済期間と保険料免除期間とを合算した期間が25年以上ある者とする。）が行方不明になり、その後失踪の宣告を受けた場合、失踪者の遺族が遺族厚生年金を受給するに当たっての生計維持に係る要件については、行方不明となった当時の失踪者との生計維持関係が問われる。

95　第5章　保険給付

解答 164　✕　法56条／P137　社労士24 P 62▼

　当該傷病について労災保険法に規定されている障害補償給付を受ける権利を有する者にあっては、障害手当金は支給されない。

解答 165　◯　法56条／P137　社労士24 P 62▼

　記述の通り正しい。

解答 166　✕　法57条／P138　社労士24 P 62▼

　障害手当金の額は、厚生年金保険法第50条第1項の規定の例により計算した額の100分の200に相当する額である。ただし、その額が、障害基礎年金2級の額「の4分の3」に2を乗じて得た額に満たないときは、当該額が障害手当金の額となる。

第6節　遺族厚生年金

解答 167　◯　法58条、59条／P139・142　社労士24 P －▼

　記述の通り正しい。

保険給付　第5章　96

問題 168　令0310 A　　☐☐☐☐☐☐☐☐

　20歳から30歳まで国民年金の第１号被保険者、30歳から60歳まで第２号厚生年金被保険者であった者が、60歳で第１号厚生年金被保険者となり、第１号厚生年金被保険者期間中に64歳で死亡した。当該被保険者の遺族が当該被保険者の死亡当時生計を維持されていた60歳の妻のみである場合、当該妻に支給される遺族厚生年金は、妻が別段の申出をしたときを除き、厚生年金保険法第58条第１項第４号に規定するいわゆる長期要件のみに該当する遺族厚生年金として年金額が算出される。

問題 169　令0106 A　　☐☐☐☐☐☐☐☐

　行方不明となった航空機に乗っていた被保険者の生死が３か月間わからない場合は、遺族厚生年金の支給に関する規定の適用については、当該航空機の到着予定日から３か月が経過した日に当該被保険者が死亡したものと推定される。

問題 170　令0505 C　🆕　　☐☐☐☐☐☐☐☐

　船舶が行方不明となった際、現にその船舶に乗っていた被保険者若しくは被保険者であった者の生死が３か月間分からない場合は、遺族厚生年金の支給に関する規定の適用については、当該船舶が行方不明になった日に、その者は死亡したものと推定される。

問題 171　令0102 D　　☐☐☐☐☐☐☐☐

　被保険者であった妻が死亡した当時、当該妻により生計を維持していた54歳の夫と21歳の当該妻の子がいた場合、当該子は遺族厚生年金を受けることができる遺族ではないが、当該夫は遺族厚生年金を受けることができる遺族である。

97　第５章　保険給付

解答 168　×　法58条／P140　社労士24 P63▼

　短期要件と長期要件の双方に該当するときは、その遺族が遺族厚生年金を請求したときに別段の申出をしない限り、「短期要件のみに該当」し、長期要件には該当しないものとみなされる。

解答 169　×　法59条の2／P141　社労士24 P64▼

　本肢については、「当該航空機が行方不明となった日」に死亡したものと推定される。

解答 170　○　法59条の2／P141　社労士24 P64▼

　記述の通り正しい。

解答 171　×　法59条／P142　社労士24 P64▼

　妻の死亡当時に55歳以上ではない夫は、遺族厚生年金を受けることができる遺族とはならない。

保険給付　第5章　98

問題 172　平2508C　□□□□□□□

　被保険者又は被保険者であった者の死亡の当時その者と生計を同じくしていた子であっても、年額130万円以上の収入を将来にわたって有すると認められる場合は、その者によって生計を維持されていたとは認められず、遺族厚生年金を受けることができる遺族になることはない。

問題 173　平2908E　□□□□□□□

　被保険者の死亡の当時その者と生計を同じくしていたが、年収850万円以上の給与収入を将来にわたって有すると認められたため、遺族厚生年金の受給権を得られなかった配偶者について、その後、給与収入が年収850万円未満に減少した場合は、当該減少したと認められたときから遺族厚生年金の受給権を得ることができる。

問題 174　令0505E　🆕　□□□□□□□

　被保険者又は被保険者であった者の死亡の当時、その者と生計を同じくしていた配偶者で、前年収入が年額800万円であった者は、定期昇給によって、近い将来に収入が年額850万円を超えることが見込まれる場合であっても、その被保険者又は被保険者であった者によって生計を維持していたと認められる。

99　第5章　保険給付

解答 172 ✕ H23.3.23年発0323第1号／Ｐ国年141　社労士24Ｐ64▼

本肢の場合、「130万円以上」ではなく「850万円以上」である。

解答 173 ✕ H23.3.23年発0323第1号／Ｐ国年141　社労士24Ｐ64▼

本肢後段「当該減少したと認められたときから遺族厚生年金の受給権を得ることができる。」という扱いはない。

解答 174 ○ H23.3.23年発0323第1号／Ｐ国年141　社労士24Ｐ－▼

記述の通り正しい。

問題 175　平2707 A　□□□□□□□

　被保険者又は被保険者であった者の死亡の当時胎児であった子が出生したときは、厚生年金保険法第59条第1項に規定する遺族厚生年金を受けることができる遺族の範囲の適用については、将来に向かって、その子は、被保険者又は被保険者であった者の死亡の当時その者によって生計を維持していた子とみなす。

問題 176　令0205 B　□□□□□□□

　被保険者の死亡当時10歳であった遺族厚生年金の受給権者である被保険者の子が、18歳に達した日以後の最初の3月31日が終了したことによりその受給権を失った場合において、その被保険者の死亡当時その被保険者によって生計を維持していたその被保険者の父がいる場合でも、当該父が遺族厚生年金の受給権者となることはない。

問題 177　令0109 E　□□□□□□□

　被保険者又は被保険者であった者の死亡の当時胎児であった子が出生したときは、その妻の有する遺族厚生年金に当該子の加給年金額が加算される。

問題 178　令0308 C　□□□□□□□ ☆

　63歳の被保険者の死亡により、その配偶者（老齢厚生年金の受給権を有し、65歳に達している者とする。）が遺族厚生年金を受給したときの遺族厚生年金の額は、死亡した被保険者の被保険者期間を基礎として計算した老齢厚生年金の額の4分の3に相当する額と、当該遺族厚生年金の受給権者の有する老齢厚生年金の額に3分の2を乗じて計算した額のうちいずれか多い額とする。

101　第5章　保険給付

解答 175 ○ 法59条／P143 社労士24 P65▼

記述の通り正しい。

解答 176 ○ 法59条／P143 社労士24 P65▼

第２順位以降の遺族については、先順位者が受給権を取得したときは、それぞれ遺族厚生年金を受けることができる遺族とされない。

解答 177 × 法60条等／P144 社労士24 P65▼

遺族厚生年金には、子を対象とする加給年金額の加算はない。

解答 178 × 法60条、附則17条の２／P144 社労士24 P65▼

遺族が老齢厚生年金の受給権を有する65歳以上の配偶者である場合の年金額は、「死亡した被保険者の被保険者期間を基礎として計算した老齢厚生年金の額の４分の３に相当する額」と、「以下①と②を合算した額」のうち、いずれか多い額とする（一定の場合を除く。）。

　　① 死亡した被保険者の被保険者期間を基礎として計算した老齢厚生年金の額の４分の３に相当する額に３分の２を乗じて得た額

　　② 当該遺族厚生年金の受給権者の老齢厚生年金の額（加給年金額が加算されていない額）に２分の１を乗じて得た額

保険給付 第５章 102

問題 179　平2810E　□□□□□□□

　被保険者が死亡したことによる遺族厚生年金の額は、死亡した者の被保険者期間を基礎として同法第43条第1項の規定の例により計算された老齢厚生年金の額の4分の3に相当する額とする。この額が、遺族基礎年金の額に4分の3を乗じて得た額に満たないときは、当該4分の3を乗じて得た額を遺族厚生年金の額とする。

問題 180　平2610D　□□□□□□□

　障害等級2級の障害厚生年金を受給する者が死亡した場合、遺族厚生年金を受けることができる遺族の要件を満たした者は、死亡した者の保険料納付要件を問わず、遺族厚生年金を受給することができる。この場合、遺族厚生年金の額の計算の基礎となる被保険者期間の月数が300か月に満たないときは、これを300か月として計算する。

問題 181　平2705A　□□□□□□□

　老齢厚生年金の受給権者（保険料納付済期間と保険料免除期間と合算対象期間とを合算した期間が25年以上である者に限る。）が死亡したことにより支給される遺族厚生年金の額の計算における給付乗率については、死亡した者が昭和21年4月1日以前に生まれた者であるときは、生年月日に応じた読み替えを行った乗率が適用される。

問題 182　令0208D　□□□□□□□

　配偶者以外の者に遺族厚生年金を支給する場合において、受給権者の数に増減を生じたときは、増減を生じた月の翌月から、年金の額を改定する。

103　第5章　保険給付

解答 179 ×　法60条／P144　社労士24 P65▼

　遺族厚生年金には、本肢後段の最低保障の規定はない。

解答 180 ○　法58条、60条、43条／P144・139　社労士24 P65▼

　本肢の場合、短期要件による遺族厚生年金が支給されるので、遺族厚生年金の額の計算の基礎となる被保険者期間の月数が300か月に満たないときは、これを300か月として計算する。

解答 181 ○　法60条、43条、S60法附則59条／P144・139　社労士24 P65▼

　本肢の遺族厚生年金（長期要件）の額の計算については、生年月日に応じた乗率の読み替えが適用される。

解答 182 ○　法61条／P146　社労士24 P66▼

　記述の通り正しい。

保険給付　第5章　104

問題 183　令0410C　☐☐☐☐☐☐☐

　被保険者であった45歳の夫が死亡した当時、当該夫により生計を維持していた子のいない38歳の妻は遺族厚生年金を受けることができる遺族となり中高齢寡婦加算も支給されるが、一方で、被保険者であった45歳の妻が死亡した当時、当該妻により生計を維持していた子のいない38歳の夫は遺族厚生年金を受けることができる遺族とはならない。

問題 184　令0301A　☐☐☐☐☐☐☐

　夫の死亡により、厚生年金保険法第58条第1項第4号に規定するいわゆる長期要件に該当する遺族厚生年金（その額の計算の基礎となる被保険者期間の月数が240以上であるものとする。）の受給権者となった妻が、その権利を取得した当時60歳であった場合は、中高齢寡婦加算として遺族厚生年金の額に満額の遺族基礎年金の額が加算されるが、その妻が、当該夫の死亡により遺族基礎年金も受給できるときは、その間、当該加算される額に相当する部分の支給が停止される。

問題 185　令0301B　☐☐☐☐☐☐☐

　昭和32年4月1日生まれの妻は、遺族厚生年金の受給権者であり、中高齢寡婦加算が加算されている。当該妻が65歳に達したときは、中高齢寡婦加算は加算されなくなるが、経過的寡婦加算の額が加算される。

問題 186　O　　R　☐☐☐☐☐☐☐

　遺族厚生年金に加算される経過的寡婦加算額は、780,900円に改定率を乗じて得た額の2分の1相当額である。

105　第5章　保険給付

解答 183 ✕ 法62条／P147 社労士24 P67▼

　夫の死亡当時40歳未満の妻にあっては、原則として中高齢寡婦加算の対象
とならない。

解答 184 ✕ 法62条／P148 社労士24 P67▼

　中高齢寡婦加算として遺族厚生年金の額に「遺族基礎年金の額に４分の３
を乗じて得た額」に相当する額が加算される。

解答 185 ✕ S60法附則73条／P148 社労士24 P67▼

　経過的寡婦加算は、「昭和31年４月１日以前」に生まれた65歳以上の妻に
対して行われる。

解答 186 ✕ S60法附則73条／P148 社労士24 P67▼

　経過的寡婦加算の額は、「780,900円に改定率を乗じて得た額の４分の３相
当額－老齢基礎年金の満額×生年月日に応じた率」である。

保険給付　第５章　106

問題 187　令0504　🆕　□□□□□□□

　厚生年金保険法に関する次のアからオの記述のうち、正しいものはいくつあるか。

　ア　被保険者期間を計算する場合には、月によるものとし、被保険者の資格を取得した月からその資格を喪失した月の前月までをこれに算入する。

　イ　厚生年金保険の適用事業所で使用される70歳以上の者であっても、厚生年金保険法第12条各号に規定する適用除外に該当する者は、在職老齢年金の仕組みによる老齢厚生年金の支給停止の対象とはならない。

　ウ　被保険者が同時に2以上の事業所に使用される場合における各事業主の負担すべき標準賞与額に係る保険料の額は、各事業所についてその月に各事業主が支払った賞与額をその月に当該被保険者が受けた賞与額で除して得た数を当該被保険者の保険料の額に乗じて得た額とされている。

　エ　中高齢寡婦加算が加算された遺族厚生年金の受給権者である妻が、被保険者又は被保険者であった者の死亡について遺族基礎年金の支給を受けることができるときは、その間、中高齢寡婦加算は支給が停止される。

　オ　経過的寡婦加算が加算された遺族厚生年金の受給権者である妻が、障害基礎年金の受給権を有し、当該障害基礎年金の支給がされているときは、その間、経過的寡婦加算は支給が停止される。

　　　A　一つ
　　　B　二つ
　　　C　三つ
　　　D　四つ
　　　E　五つ

107　第5章　保険給付

解答 187　D　四つ

ア　○　法19条／P24　社労士24P10▼
記述の通り正しい。

イ　○　法27条、則10条の4／P117　社労士24P52▼
記述の通り正しい。

ウ　×　令4条／P－　社労士24P－▼
被保険者が同時に2以上の事業所に使用される場合における各事業主の負担すべき標準賞与額に係る保険料の額は、各事業所についてその月に各事業主が支払った賞与額をその月に当該被保険者が受けた賞与額で除して得た数を当該被保険者の保険料「の半額」に乗じて得た額とする。

エ　○　法65条／P148　社労士24P67▼
記述の通り正しい。

オ　○　S60法附則73条／P149　社労士24P67▼
経過的寡婦加算の額は、遺族厚生年金の受給権者が以下のときは、その間、支給が停止される。
①　遺族基礎年金の支給を受けることができるとき
②　障害基礎年金の受給権を有するとき（その支給を停止されているときを除く。）

保険給付　第5章　108

問題 188　令0107E　　□□□□□□□

　遺族厚生年金は、当該被保険者又は被保険者であった者の死亡について労働基準法第79条の規定による遺族補償の支給が行われるべきものであるときは、死亡の日から6年間、その支給を停止する。

問題 189　令0101E　　□□□□□□□

　平成26年4月1日以後に被保険者又は被保険者であった者が死亡し、その者の夫と子に遺族厚生年金の受給権が発生した。当該夫に対する当該遺族厚生年金は、当該被保険者又は被保険者であった者の死亡について、当該夫が国民年金法の規定による遺族基礎年金の受給権を有する場合でも、60歳に到達するまでの間、その支給を停止する。

問題 190　令0505D　㊗　　□□□□□□□

　配偶者と離別した父子家庭の父が死亡し、当該死亡の当時、生計を維持していた子が遺族厚生年金の受給権を取得した場合、当該子が死亡した父の元配偶者である母と同居することになったとしても、当該子に対する遺族厚生年金は支給停止とはならない。

問題 191　平3001E　　□□□□□□□

　被保険者の死亡により、その妻と子に遺族厚生年金の受給権が発生した場合、子に対する遺族厚生年金は、妻が遺族厚生年金の受給権を有する期間、その支給が停止されるが、妻が自己の意思で妻に対する遺族厚生年金の全額支給停止の申出をしたときは、子に対する遺族厚生年金の支給停止が解除される。

109　第5章　保険給付

解答 188 ○ 　法64条／P150　社労士24 P 68▼

記述の通り正しい。

解答 189 × 　法65条の2／P150　社労士24 P 68▼

夫に対する遺族厚生年金については、夫が60歳に到達する前であっても、当該被保険者又は被保険者であった者の死亡について、夫が遺族基礎年金の受給権を有するときは、支給停止されない。

解答 190 ○ 　法66条／P151　社労士24 P 68▼

子に対する「遺族基礎年金」は、生計を同じくするその子の父若しくは母があるときは、その間、その支給を停止する。一方、子に対する「遺族厚生年金」には、前述の遺族基礎年金のような規定はない。

解答 191 × 　法66条／P151　社労士24 P 68▼

妻に対する遺族厚生年金が、妻の申出によりその全額が支給停止される場合であっても、子に対する遺族厚生年金の支給停止は「解除されない」。

保険給付　第5章　110

問題 192　令0310 C　☐☐☐☐☐☐☐☐

　　遺族基礎年金と遺族厚生年金の受給権を有する妻が、障害基礎年金と障害
厚生年金の受給権を取得した。妻は、障害基礎年金と障害厚生年金を選択し
たため、遺族基礎年金と遺族厚生年金は全額支給停止となった。妻には生計
を同じくする子がいるが、子の遺族基礎年金については、引き続き支給停止
となるが、妻の遺族厚生年金が全額支給停止であることから、子の遺族厚生
年金は支給停止が解除される。

問題 193　令0503 B　🈟　☐☐☐☐☐☐☐☐

　　死亡した被保険者に死亡の当時生計を維持していた妻と子があった場合、
妻が国民年金法による遺族基礎年金の受給権を有しない場合であって、子が
当該遺族基礎年金の受給権を有していても、その間、妻に対する遺族厚生年
金は支給される。

問題 194　令0107 D　☐☐☐☐☐☐☐☐

　　配偶者に対する遺族厚生年金は、その配偶者の所在が1年以上明らかでな
いときは、遺族厚生年金の受給権を有する子の申請によって、申請の日から
その支給を停止する。

問題 195　令0208 B　☐☐☐☐☐☐☐☐

　　死亡した被保険者の2人の子が遺族厚生年金の受給権者である場合に、そ
のうちの1人の所在が1年以上明らかでないときは、他の受給権者の申請に
よってその所在が明らかでなくなった時にさかのぼってその支給が停止され
るが、支給停止された者はいつでもその支給停止の解除を申請することがで
きる。

解答 192 ×　法66条／P151　社労士24 P68▼

　併給調整により妻の遺族厚生年金が全額支給停止となった場合であって
も、子の遺族厚生年金は引き続き支給停止となる。

解答 193 ×　法66条／P152　社労士24 P68▼

　妻が遺族基礎年金の受給権を有しない場合であって、子が遺族基礎年金の
受給権を有するときは、その間、妻に対する遺族厚生年金は「支給を停止す
る」。

解答 194 ×　法67条／P153　社労士24 P69▼

　本肢の場合、「所在が明らかでなくなった時にさかのぼって」、その支給が
停止される。

解答 195 ○　法68条／P153　社労士24 P69▼

　記述の通り正しい。

保険給付　第5章　112

問題 196　平2303 B　　□□□□□□□□

　被保険者であった者の死亡により、死亡した者の子（障害等級1級又は2級に該当する者を除く。）が遺族厚生年金の受給権者となった場合において、その後当該子が10歳で父方の祖父の養子となった場合でも、18歳に達する日以後の最初の3月31日が終了するまでは受給権は消滅しない。

問題 197　平2705 B　　□□□□□□□□

　遺族厚生年金の受給権者である妻が実家に復籍して姓も婚姻前に戻した場合であっても、遺族厚生年金の失権事由である離縁による親族関係の終了には該当しないため、その受給権は消滅しない。

問題 198　令0310 E　　□□□□□□□□

　第1号厚生年金被保険者が死亡したことにより、当該被保険者の母が遺族厚生年金の受給権者となった。その後、当該母に事実上の婚姻関係にある配偶者が生じた場合でも、当該母は、自身の老齢基礎年金と当該遺族厚生年金の両方を受給することができる。

問題 199　令0505 A　🆕　□□□□□□□□

　夫の死亡による遺族厚生年金を受給している者が、死亡した夫の血族との姻族関係を終了させる届出を提出した場合でも、遺族厚生年金の受給権は失権しない。

問題 200　平2910 A　　□□□□□□□□

　遺族厚生年金及び当該遺族厚生年金と同一の支給事由に基づく遺族基礎年金の受給権を取得した妻について、当該受給権の取得から1年後に子の死亡により当該遺族基礎年金の受給権が消滅した場合であって、当該消滅した日において妻が30歳に到達する日前であった場合は、当該遺族厚生年金の受給権を取得した日から起算して5年を経過したときに当該遺族厚生年金の受給権は消滅する。

113　第5章　保険給付

解答 196　○　法63条／P153　社労士24 P69▼

遺族厚生年金の受給権は、直系血族及び直系姻族以外の者の養子（届出を
していないが、事実上養子縁組関係と同様の事情にある者を含む。）となっ
たときに消滅する。本肢の子は、父方の祖父（直系血族）の養子となってい
るため、養子になったことを理由として受給権が消滅することはない。

解答 197　○　法63条／P153　社労士24 P69▼

離縁とは、養子縁組関係の終了のみをいう。本肢の場合、離縁には該当し
ない。

解答 198　×　法63条／P153　社労士24 P69▼

遺族厚生年金の受給権は、受給権者が婚姻（届出をしていないが、事実上
婚姻関係と同様の事情にある場合を含む。）をしたときは、消滅する。

解答 199　○　法63条／P153等　社労士24 P69▼

死亡した夫の血族との姻族関係を終了させる届出を提出した場合は、遺族
厚生年金の失権事由に該当しない。

解答 200　×　法63条／P154　社労士24 P69▼

本肢の場合、「遺族基礎年金の受給権が消滅した日」を起算日とする。

保険給付　第5章　114

問題 201　令0305　　　　□□□□□□□

遺族厚生年金に関する次のアからオの記述のうち、誤っているものの組合せは、後記AからEまでのうちどれか。

ア　老齢厚生年金の受給権者（被保険者ではないものとする。）が死亡した場合、国民年金法に規定する保険料納付済期間と保険料免除期間とを合算した期間が10年であったとしても、その期間と同法に規定する合算対象期間を合算した期間が25年以上である場合には、厚生年金保険法第58条第1項第4号に規定するいわゆる長期要件に該当する。

イ　厚生年金保険の被保険者であった甲は令和3年4月1日に厚生年金保険の被保険者資格を喪失したが、厚生年金保険の被保険者期間中である令和3年3月15日に初診日がある傷病により令和3年8月1日に死亡した（死亡時の年齢は50歳であった。）。この場合、甲について国民年金の被保険者期間があり、当該国民年金の被保険者期間に係る保険料納付済期間と保険料免除期間とを合算した期間が、当該国民年金の被保険者期間の3分の2未満である場合であっても、令和2年7月から令和3年6月までの間に保険料納付済期間及び保険料免除期間以外の国民年金の被保険者期間がないときには、遺族厚生年金の支給対象となる。

ウ　85歳の老齢厚生年金の受給権者が死亡した場合、その者により生計を維持していた未婚で障害等級2級に該当する程度の障害の状態にある60歳の当該受給権者の子は、遺族厚生年金を受けることができる遺族とはならない。

エ　厚生年金保険の被保険者であった甲には妻の乙と、甲の前妻との間の子である15歳の丙がいたが、甲が死亡したことにより、乙と丙が遺族厚生年金の受給権者となった。その後、丙が乙の養子となった場合、丙の遺族厚生年金の受給権は消滅する。

オ　厚生年金保険の被保険者の死亡により、被保険者の死亡当時27歳で子のいない妻が遺族厚生年金の受給権者となった。当該遺族厚生年金の受給権は、当該妻が30歳になったときに消滅する。

115　第5章　保険給付

A （アとイ）

B （アとオ）

C （イとウ）

D （ウとエ）

E （エとオ）

解答 201　E　（エとオ）

ア　○　法58条／P139　社労士24 P 63▼

　　記述の通り正しい。

イ　○　法58条、S60法附則64条／P139　社労士24 P 63▼

　　本肢の場合、「被保険者であった者が資格喪失後に、被保険者であった間に初診日がある傷病により初診日から起算して5年を経過する日前に死亡したとき」に該当し、「保険料納付要件の特例を満たす」ことで遺族厚生年金の支給対象となる。

ウ　○　法59条／P142　社労士24 P 64▼

　　遺族厚生年金を受けることができる子については、

　　「被保険者又は被保険者であった者の死亡の当時（失踪の宣告を受けた被保険者であった者にあっては、行方不明となった当時。）その者によって生計を維持したもので、

　　①18歳に達する日以後の最初の3月31日までの間にあるか、又は

　　②20歳未満で障害等級の1級若しくは2級に該当する障害の状態にあり、かつ、現に婚姻をしていないこと。」が要件となっている。

エ　×　法63条／P153　社労士24 P 69▼

　　子の遺族厚生年金の受給権は、当該子が直系血族又は直系姻族以外の者の養子となったときに消滅する。本肢の場合、乙は丙の直系姻族であり、丙が乙の養子となった場合であっても遺族厚生年金の受給権は消滅しない。

オ　×　法63条／P154　社労士24 P 69▼

　　遺族厚生年金の受給権を取得した当時30歳未満である妻が、当該遺族厚生年金と同一の支給事由に基づく遺族基礎年金の受給権を取得しないときは、当該妻の遺族厚生年金の受給権は、「遺族厚生年金の受給権を取得した日から起算して5年を経過したとき」に、消滅する。

117　第5章　保険給付

保険給付　第5章　118

問題 202 令0510 ㊟ □□□□□□□□

厚生年金保険法に関する次のアからオの記述のうち、誤っているものの組合せは、後記AからEまでのうちどれか。

ア　障害厚生年金の給付事由となった障害について、国民年金法による障害基礎年金を受けることができない場合において、障害厚生年金の額が障害等級２級の障害基礎年金の額に２分の１を乗じて端数処理をして得た額に満たないときは、当該額が最低保障額として保障される。なお、配偶者についての加給年金額は加算されない。

イ　甲は、障害等級３級の障害厚生年金の支給を受けていたが、63歳のときに障害等級３級に該当する程度の障害の状態でなくなったために当該障害厚生年金の支給が停止された。その後、甲が障害等級に該当する程度の障害の状態に該当することなく65歳に達したとしても、障害厚生年金の受給権は65歳に達した時点では消滅しない。

ウ　遺族厚生年金を受けることができる遺族のうち、夫については、被保険者又は被保険者であった者の死亡の当時その者によって生計を維持していた者で、55歳以上であることが要件とされており、かつ、60歳に達するまでの期間はその支給が停止されるため、国民年金法による遺族基礎年金の受給権を有するときも、55歳から遺族厚生年金を受給することはない。

エ　遺族厚生年金は、障害等級１級又は２級に該当する程度の障害の状態にある障害厚生年金の受給権者が死亡したときにも、一定の要件を満たすその者の遺族に支給されるが、その支給要件において、その死亡した者について保険料納付要件を満たすかどうかは問わない。

オ　遺族厚生年金と当該遺族厚生年金と同一の支給事由に基づく遺族基礎年金の受給権も有している妻が、30歳に到達する日前に当該遺族基礎年金の受給権が失権事由により消滅した場合、遺族厚生年金の受給権は当該遺族基礎年金の受給権が消滅した日から５年を経過したときに消滅する。

A （アとイ）
B （アとウ）
C （イとエ）
D （ウとオ）
E （エとオ）

解答 202　B　（アとウ）

ア　×　法50条／P129　社労士24 P58▼

　　障害厚生年金の給付事由となった障害について、国民年金法による障害基礎年金を受けることができない場合において、障害厚生年金の額が障害等級2級の障害基礎年金の額に「4分の3」を乗じて端数処理をして得た額に満たないときは、当該額が最低保障額として保障される。

イ　○　法53条／P136　社労士24 P61▼

　　本肢については、65歳に達した日において、障害等級に該当する障害の状態に該当しなくなった日から起算して障害等級に該当することなく3年を経過していないため、障害厚生年金の受給権は消滅しない。

ウ　×　法65条の2／P150　社労士24 P68▼

　　夫に対する遺族厚生年金については、被保険者又は被保険者であった者の死亡について、夫が遺族基礎年金の受給権を有するときは、支給停止されないことから、本肢の夫は「55歳から遺族厚生年金を受給することができる」。

エ　○　法58条／P139　社労士24 P63▼

　　記述の通り正しい。

オ　○　法63条／P154　社労士24 P69▼

　　記述の通り正しい。

121　第5章　保険給付

保険給付　第5章　122

問題 203　令0109 B　□□□□□□□

障害等級2級に該当する障害の状態にある子に遺族厚生年金の受給権が発生し、16歳のときに障害等級3級に該当する障害の状態になった場合は、18歳に達した日以後の最初の3月31日が終了したときに当該受給権は消滅する。一方、障害等級2級に該当する障害の状態にある子に遺族厚生年金の受給権が発生し、19歳のときに障害等級3級に該当する障害の状態になった場合は、20歳に達したときに当該受給権は消滅する。

問題 204　平2707 D　□□□□□□□

老齢厚生年金の受給権者が死亡したことにより、子が遺族厚生年金の受給権者となった場合において、その子が障害等級3級に該当する障害の状態にあるときであっても、18歳に達した日以後の最初の3月31日が終了したときに、子の有する遺族厚生年金の受給権は消滅する。

問題 205　令0202 E　□□□□□□□

被保険者又は被保険者であった者の死亡の当時胎児であった子が出生したときは、父母、孫又は祖父母の有する遺族厚生年金の受給権は消滅する。一方、被保険者又は被保険者であった者の死亡の当時胎児であった子が出生したときでも、妻の有する遺族厚生年金の受給権は消滅しない。

第7節　その他の保険給付

問題 206　令0109 D　□□□□□□□

被保険者期間が6か月以上ある日本国籍を有しない者は、所定の要件を満たす場合に脱退一時金の支給を請求することができるが、かつて、脱退一時金を受給した者が再入国し、適用事業所に使用され、再度、被保険者期間が6か月以上となり、所定の要件を満たした場合であっても、再度、脱退一時金の支給を請求することはできない。

123　第5章　保険給付

解答 203 ×　法63条／P155　社労士24 P70▼

　本肢後段の19歳のときに障害等級3級に該当する障害の状態になった場合は、そのときに当該受給権は消滅する。

解答 204 ○　法63条／P155　社労士24 P70▼

　子又は孫の有する遺族厚生年金の受給権は、当該子又は孫が「障害等級の1級又は2級に該当する障害の状態にあるときを除き」、18歳に達した日以後の最初の3月31日が終了したときに消滅するものとされる。

解答 205 ○　法59条、63条／P155　社労士24 P70▼

　記述の通り正しい。

第7節　その他の保険給付

解答 206 ×　法附則29条／P159　社労士24 P73▼

　本肢の場合、再度、脱退一時金の支給を請求することができる。

保険給付　第5章　124

問題 207 令0209E □□□□□□□

障害厚生年金の支給を受けたことがある場合でも、障害の状態が軽減し、脱退一時金の請求時に障害厚生年金の支給を受けていなければ脱退一時金の支給を受けることができる。

問題 208 令0309C □□□□□□□

ある日本国籍を有しない者について、最後に厚生年金保険の被保険者資格を喪失した日から起算して2年が経過しており、かつ、最後に国民年金の被保険者資格を喪失した日（同日において日本国内に住所を有していた者にあっては、同日後初めて、日本国内に住所を有しなくなった日）から起算して1年が経過した。この時点で、この者が、厚生年金保険の被保険者期間を6か月以上有しており、かつ、障害厚生年金等の受給権を有したことがない場合、厚生年金保険法に定める脱退一時金の請求が可能である。

問題 209 令0303E □□□□□□□ ☆

脱退一時金の額の計算に当たっては、平成15年3月31日以前の被保険者期間については、その期間の各月の標準報酬月額に1.3を乗じて得た額を使用する。

問題 210 令0309D □□□□□□□

脱退一時金の額の計算における平均標準報酬額の算出に当たっては、被保険者期間の計算の基礎となる各月の標準報酬月額と標準賞与額に再評価率を乗じることはない。

125 第5章 保険給付

解答 207 ✕ 法附則29条／P159 社労士24P73▼

本肢の場合、脱退一時金の支給を受けることはできない。

解答 208 ◯ 法附則29条／P159・160 社労士24P73▼

最後に国民年金の被保険者資格を喪失した日（同日において日本国内に住所を有していた者にあっては、同日後初めて、日本国内に住所を有しなくなった日）から起算して2年が経過していなければ、その他の所定の要件を満たすことで脱退一時金の請求をすることができる。

解答 209 ◯ H12法附則22条／P160 社労士24P73▼

厚生年金保険の被保険者であった期間の全部又は一部が平成15年4月1日前である者に支給する脱退一時金につき、その額を計算する場合においては、同日前の被保険者期間の各月の標準報酬月額に1.3を乗じて得た額並びに同日以後の被保険者期間の各月の標準報酬月額及び標準賞与額を合算して得た額を、被保険者期間の月数で除して得た額に、被保険者であった期間に応じて、支給率を乗じて得た額とする。

解答 210 ◯ 法附則29条／P160 社労士24P73▼

記述の通り正しい。

保険給付　第5章　126

問題 211 O　R　□□□□□□□

　厚生年金保険法において、脱退一時金の支給率は、最終月（最後に被保険者の資格を喪失した日の属する月の前月をいう。以下同じ。）の属する年の前年10月の保険料率（最終月が１月から８月までの場合にあっては、前々年10月の保険料率）に２分の１を乗じて得た率に、被保険者であった期間に応じて政令で定める数を乗じて得た率とし、その率に小数点以下一位未満の端数があるときは、これを四捨五入する。当該政令で定める数は、被保険者であった期間に係る被保険者期間が36か月以上であるときは36とする。

問題 212 平2604　□□□□□□□

　日本国籍を有しない者に対する脱退一時金に関する次の記述のうち、正しいものはどれか。

A　老齢厚生年金の受給資格期間を満たしているが、受給開始年齢に達していないため、老齢厚生年金の支給を受けていない者は、脱退一時金を請求することができる。

B　脱退一時金を請求した者が、当該脱退一時金を受給する前に死亡した場合、一定の遺族は未支給の脱退一時金を請求することができる。

C　障害手当金の受給権を有したことがある場合であっても、脱退一時金を請求することができる。

D　最後に国民年金の被保険者の資格を喪失した日（同日において日本国内に住所を有していた者にあっては、同日後初めて、日本国内に住所を有しなくなった日）から起算して１年を経過しているときは、脱退一時金を請求することができない。

E　脱退一時金の額は、最後に被保険者の資格を喪失した日の属する月の前月の標準報酬月額に一定の支給率を乗じて得た額とする。

127　第５章　保険給付

解答 211 ×　法附則29条、令12条の2／Ｐ161　社労士24Ｐ73▼

　当該政令で定める数は、被保険者であった期間に係る被保険者期間が「60か月」以上であるときは「60」とする。

解答 212　Ｂ

Ａ　×　法附則29条／Ｐ159　社労士24Ｐ73▼
　　老齢厚生年金の受給資格期間を満たしている者は、老齢厚生年金の支給を受けていなくても、脱退一時金の支給を請求することができない。

Ｂ　○　法37条、附則29条／Ｐ187　社労士24Ｐ78▼
　　記述の通り正しい。

Ｃ　×　法附則29条、令12条／Ｐ159・160　社労士24Ｐ－▼
　　障害手当金の受給権を有したことがある者は、脱退一時金の支給を請求することができない。

Ｄ　×　法附則29条／Ｐ159・160　社労士24Ｐ73▼
　　最後に国民年金の被保険者の資格を喪失した日（同日において日本国内に住所を有していた者にあっては、同日後初めて、日本国内に住所を有しなくなった日）から起算して「２年」を経過しているときは、脱退一時金の支給を請求することができない。

Ｅ　×　法附則29条／Ｐ160　社労士24Ｐ73▼
　　脱退一時金の額は、「平均標準報酬額」に一定の支給率を乗じて得た額とする。

第8節　保険給付の制限

問題 213　令0106 E　☐☐☐☐☐☐☐

被保険者が故意に障害を生ぜしめたときは、当該障害を支給事由とする障害厚生年金又は障害手当金は支給されない。また、被保険者が重大な過失により障害を生ぜしめたときは、保険給付の全部又は一部を行わないことができる。

問題 214　平2905 B　☐☐☐☐☐☐☐

実施機関は、障害厚生年金の受給権者が、故意若しくは重大な過失により、又は正当な理由がなくて療養に関する指示に従わないことにより、その障害の程度を増進させ、又はその回復を妨げたときは、実施機関の診査による改定を行わず、又はその者の障害の程度が現に該当する障害等級以下の障害等級に該当するものとして、改定を行うことができる。

問題 215　令0208 E　☐☐☐☐☐☐☐

年金たる保険給付の受給権者が、正当な理由がなくて、実施機関が必要があると認めて行った受給権者の身分関係に係る事項に関する職員の質問に応じなかったときは、年金たる保険給付の額の全部又は一部につき、その支給を停止することができる。

問題 216　平2706 E　☐☐☐☐☐☐☐

老齢厚生年金の額に加算される加給年金額の対象となっている障害の状態にある19歳の子が、実施機関が必要と認めた受診命令に従わなかったときは、厚生年金保険法第77条の規定による支給停止が行われることがある。

第8節　保険給付の制限

解答 213　○　法73条、73条の2／P162　社労士24P74・75▼

　記述の通り正しい。

解答 214　○　法74条／P163　社労士24P75▼

　記述の通り正しい。

解答 215　○　法77条／P164　社労士24P75▼

　記述の通り正しい。

解答 216　○　法77条／P164　社労士24P75▼

　記述の通り正しい。

保険給付　第5章　130

第9節　離婚時の厚生年金の分割制度

問題 217　令0301 D　□□□□□□□

　　3号分割標準報酬改定請求は、離婚が成立した日の翌日から起算して2年を経過したときまでに行う必要があるが、3号分割標準報酬改定請求に併せて厚生年金保険法第78条の2に規定するいわゆる合意分割の請求を行う場合であって、按分割合に関する審判の申立てをした場合は、その審判が確定した日の翌日から起算して2年を経過する日までは3号分割標準報酬改定請求を行うことができる。

問題 218　O　　R　□□□□□□□

　　合意分割における標準報酬改定請求は、平成19年4月1日以後の離婚等であれば、平成19年4月1日前の対象期間に係る標準報酬も改定又は決定の対象となり得る。

問題 219　O　　R　□□□□□□□

　　合意分割制度に基づく標準報酬の改定又は決定の請求について、当事者の合意のための協議が調わないとき、又は協議をすることができないときは、当事者の一方の申立てにより、厚生労働大臣は、当該対象期間における保険料納付に対する当事者の寄与の程度その他一切の事情を考慮して、請求すべき按分割合を定めることができる。

第９節　離婚時の厚生年金の分割制度

解答 217　×　　則78条の３、78条の17／P167　社労士24 P84▼

　　審判が確定した日の翌日から起算して「６か月」を経過する日までは、３号分割標準報酬改定請求を行うことができる。

解答 218　○　　H16法附則46条／P167　社労士24 P84▼

　　【合意分割】

　　施行日（平成19年４月１日）前の離婚等については、「適用されない」。なお、施行日以後の離婚等であれば、施行日前の期間も「対象期間となり得る」。

　　【３号分割】

　　施行日（平成20年４月１日）前の離婚等については、「適用されない」。なお、施行日以後の離婚等であっても、施行日前の期間は「特定期間とならない」。

解答 219　×　　法78条の２／P169　社労士24 P85▼

　　本肢については、「厚生労働大臣」ではなく「家庭裁判所」である。

保険給付　第５章　132

問題 220　O　　R　　☐☐☐☐☐☐☐

　合意分割制度について、第1号改定者の対象期間標準報酬総額が7,000万円、第2号改定者の対象期間標準報酬総額が3,000万円である場合においては、請求すべき按分割合は、30％を超え50％以下の範囲内で定められなければならない。

問題 221　O　　R　　☐☐☐☐☐☐☐☆

　当事者は、実施機関に対し、主務省令で定めるところにより、標準報酬改定請求を行うために必要な情報であって一定のものの提供を請求することができるものとされているが、当事者の一方からの請求は認められていない。

問題 222　平2809C　　☐☐☐☐☐☐☐

　厚生年金保険法第78条の6第1項及び第2項の規定によるいわゆる合意分割により改定され、又は決定された標準報酬は、その改定又は決定に係る標準報酬改定請求のあった日から将来に向かってのみその効力を有する。

問題 223　平2206B　　☐☐☐☐☐☐☐

　離婚時の分割請求により標準報酬が改定された第2号改定者について、当該改定を受けた標準賞与額は、当該第2号改定者がその後60歳台前半の在職老齢年金の受給権者となった場合においても、総報酬月額相当額の計算の対象とはならない。

問題 224　令0506B　🆕　　☐☐☐☐☐☐☐

　特別支給の老齢厚生年金の受給資格要件の1つは、1年以上の被保険者期間を有することであるが、この被保険者期間には、離婚時みなし被保険者期間を含めることができる。

133　第5章　保険給付

解答 220 ○ 法78条の3／P170 社労士24P85▼

　請求すべき按分割合は、当事者それぞれの対象期間標準報酬総額の合計額に対する第2号改定者の対象期間標準報酬総額の割合を超え2分の1以下の範囲内で定められなければならない。本肢の場合、当事者それぞれの対象期間標準報酬総額の合計額が10,000万円（7,000万円＋3,000万円）、第2号改定者の対象期間標準報酬総額が3,000万円であるため、30％を超え50％以下の範囲内で定められなければならない。

解答 221 × 法78条の4／P171 社労士24P85▼

　本肢の情報提供の請求は、「当事者又はその一方」からの請求が可能である。

解答 222 ○ 法78条の6／P172 社労士24P86▼

　記述の通り正しい。

解答 223 ○ 法78条の6、78条の11／P173 社労士24P86▼

　本肢の総報酬月額相当額の計算においては、「改定前」の標準賞与額が用いられる。

解答 224 × 法78条の11／P173・174 社労士24P86▼

　特別支給の老齢厚生年金の受給資格要件である1年以上の被保険者期間には、離婚時みなし被保険者期間を含めることはできない。

保険給付　第5章　134

問題 225　令0308 E　□□□□□□□

　　老齢厚生年金に配偶者の加給年金額が加算されるためには、老齢厚生年金の年金額の計算の基礎となる被保険者期間の月数が240以上という要件があるが、当該被保険者期間には、離婚時みなし被保険者期間を含めることはできない。

問題 226　平2906 A　□□□□□□□

　　障害厚生年金の額の計算の基礎となる被保険者期間に係る標準報酬が、合意分割により改定又は決定がされた場合は、改定又は決定後の標準報酬を基礎として年金額が改定される。ただし、年金額の計算の基礎となる被保険者期間の月数が300月に満たないため、これを300月として計算された障害厚生年金については、離婚時みなし被保険者期間はその計算の基礎とされない。

第10節　離婚時の第３号被保険者期間についての厚生年金の分割制度 ──

問題 227　平2906 B　□□□□□□□

　　厚生年金保険法第78条の14の規定によるいわゆる３号分割の請求については、当事者が標準報酬の改定及び決定について合意している旨の文書は必要とされない。

問題 228　令0103 E　□□□□□□□

　　障害厚生年金の受給権者である特定被保険者（厚生年金保険法第78条の14に規定する特定被保険者をいう。）の被扶養配偶者が３号分割標準報酬改定請求をする場合における特定期間に係る被保険者期間については、当該障害厚生年金の額の計算の基礎となった特定期間に係る被保険者期間を改定又は決定の対象から除くものとする。

135　第５章　保険給付

解答 225　○　法78条の11／P174　社労士24 P86▼

記述の通り正しい。

解答 226　○　法78条の10／P175　社労士24 P86▼

記述の通り正しい。

第10節　離婚時の第3号被保険者期間についての厚生年金の分割制度 ──

解答 227　○　法78条の14／P177　社労士24 P87▼

3号分割の分割割合は、2分の1であるため夫婦の合意は不要である。

解答 228　○　法78条の14、令3条の12の11／P177　社労士24 P87▼

記述の通り正しい。

問題 229　令0204 A　□□□□□□□ ☆

　離婚した場合の3号分割標準報酬改定請求における特定期間（特定期間は複数ないものとする。）に係る被保険者期間については、特定期間の初日の属する月は被保険者期間に算入し、特定期間の末日の属する月は被保険者期間に算入しない。ただし、特定期間の初日と末日が同一の月に属するときは、その月は、特定期間に係る被保険者期間に算入しない。

問題 230　令0301 E　□□□□□□□

　厚生年金保険法第78条の14に規定する特定被保険者が、特定期間の全部をその額の計算の基礎とする障害厚生年金の受給権者であったとしても、当該特定被保険者の被扶養配偶者は3号分割標準報酬改定請求をすることができる。

問題 231　平2710 A　□□□□□□□

　実施機関は、厚生年金保険法第78条の14第2項及び第3項に規定する「特定被保険者及び被扶養配偶者についての標準報酬の特例」における標準報酬の改定又は決定を行ったときは、その旨を特定被保険者及び被扶養配偶者に通知しなければならない。

解答 229 ○　令3条の12の12／P178　社労士24 P88▼

記述の通り正しい。

解答 230 ×　則78条の17／P179　社労士24 P87▼

特定被保険者が、特定期間の全部をその額の計算の基礎とする障害厚生年金の受給権者であるときは、当該特定被保険者の被扶養配偶者は3号分割標準報酬改定請求をすることはできない。

解答 231 ○　法78条の16／P180　社労士24 P－▼

記述の通り正しい。

問題 232 令0105　　　□□□□□□□

　厚生年金保険法に関する次のアからオの記述のうち、正しいものの組合せは、後記AからEまでのうちどれか。

ア　離婚の届出をしていないが、夫婦としての共同生活が営まれておらず、事実上離婚したと同様の事情にあると認められる場合であって、両当事者がともに当該事情にあると認めている場合には、いわゆる合意分割の請求ができる。

イ　離婚の届出をしていないが、夫婦としての共同生活が営まれておらず、事実上離婚したと同様の事情にあると認められる場合であって、両当事者がともに当該事情にあると認めている場合に該当し、かつ、特定被保険者（厚生年金保険法第78条の14に規定する特定被保険者をいう。）の被扶養配偶者が第3号被保険者としての国民年金の被保険者の資格を喪失している場合でも、いわゆる3号分割の請求はできない。

ウ　適用事業所に使用される70歳未満の被保険者が70歳に達したときは、それに該当するに至った日の翌日に被保険者の資格を喪失する。

エ　適用事業所に使用される70歳以上の者であって、老齢厚生年金、国民年金法による老齢基礎年金その他の老齢又は退職を支給事由とする年金たる給付であって政令で定める給付の受給権を有しないもの（厚生年金保険法第12条各号に該当する者を除く。）が高齢任意加入の申出をした場合は、実施機関への申出が受理された日に被保険者の資格を取得する。

オ　適用事業所以外の事業所に使用される70歳以上の者であって、老齢厚生年金、国民年金法による老齢基礎年金その他の老齢又は退職を支給事由とする年金たる給付であって政令で定める給付の受給権を有しないもの（厚生年金保険法第12条各号に該当する者を除く。）が高齢任意加入の申出をした場合は、厚生労働大臣の認可があった日に被保険者の資格を取得する。

139　第5章　保険給付

A （アとイ）
B （アとエ）
C （イとウ）
D （ウとオ）
E （エとオ）

保険給付　第5章　140

解答 232　E　（エとオ）

ア　×　法78条の2、則78条／P167　社労士24P－▼
　　　本肢の場合は、合意分割の請求ができる場合として定められていない。

イ　×　法78条の14、則78条の14／P178・179　社労士24P－▼
　　　本肢の場合は、3号分割の請求ができる場合として定められている。

ウ　×　法14条／P20　社労士24P8▼
　　　70歳未満の被保険者が70歳に達したときは、それに該当するに至った
　　「日」に被保険者の資格を喪失する。

エ　○　法附則4条の3／P19　社労士24P8▼
　　　記述の通り正しい。

オ　○　法附則4条の5／P19　社労士24P8▼
　　　記述の通り正しい。

141　第5章　保険給付

保険給付　第5章　142

問題 233　平2405　　　□□□□□□□

　　離婚時における厚生年金保険の保険料納付記録の分割について、離婚時み
なし被保険者期間及び被扶養配偶者みなし被保険者期間に関する次のアから
カの記述のうち、みなし被保険者期間が含まれるものの組合せは、後記Aか
らEまでのうちどれか。

　ア　遺族厚生年金の支給要件（厚生年金保険法第58条第1項第4号該当）
　　　となる被保険者期間
　イ　60歳台前半の老齢厚生年金の支給要件（被保険者期間1年以上）とな
　　　る被保険者期間
　ウ　振替加算の支給停止要件（配偶者自身の厚生年金保険の被保険者期間
　　　240か月以上）となる被保険者期間
　エ　加給年金額の加算要件（被保険者期間240か月以上）となる被保険者
　　　期間
　オ　特例老齢年金及び特例遺族年金の支給要件となる被保険者期間
　カ　60歳台前半の老齢厚生年金における定額部分の額を計算するときの被
　　　保険者期間
　　　　　A　（アとウ）
　　　　　B　（アとオ）
　　　　　C　（イとカ）
　　　　　D　（ウとエ）
　　　　　E　（エとオ）

143　第5章　保険給付

解答 233 A （アとウ）　法78条の11、78条の19、附則17条の10、17条の12
　　　　　　　　　　　　／ P 181・174　社労士24 P 86▼

【みなし被保険者期間に含まれるもの】

・振替加算の支給停止要件（配偶者自身の厚生年金保険の被保険者期間
　240か月以上）
　　→すなわち振替加算は行われない

・特別支給の老齢厚生年金における報酬比例部分の額

・老齢厚生年金の支給要件（被保険者期間 1 か月以上）

・遺族厚生年金の支給要件（長期要件）
　　→すなわち遺族厚生年金が支給される

【みなし被保険者期間に含まれないもの】

・特別支給の老齢厚生年金の支給要件（被保険者期間 1 年以上）
　　→すなわち特別支給の老齢厚生年金が支給されない

・特別支給の老齢厚生年金における定額部分の額
　　→すなわち定額部分は増えない

・加給年金額の加算要件（被保険者期間240か月以上）
　　→すなわち加給年金額が加算されない

・特例老齢年金及び特例遺族年金の支給要件
　　→すなわち特例老齢年金及び特例遺族年金が支給されない

保険給付　第 5 章　144

問題 234 平2608　　　☐☐☐☐☐☐☐

　厚生年金保険法第3章の3に規定するいわゆる「離婚時の第3号被保険者期間についての厚生年金保険の分割制度」に関する次の記述のうち、誤っているものはどれか。

A　いわゆる事実婚関係であった期間については、被扶養配偶者が国民年金の第3号被保険者となっていた場合には分割の対象となる。

B　分割の対象となる特定期間とは、特定被保険者が被保険者であった期間であり、かつ、その被扶養配偶者が当該特定被保険者の配偶者として国民年金の第3号被保険者であった期間をいい、平成20年4月1日前の期間を含まない。

C　実施機関は、特定被保険者の被扶養配偶者から特定期間に係る被保険者期間の標準報酬の改定及び決定の請求があった場合において、特定期間に係る被保険者期間の各月ごとに、当該特定被保険者及び被扶養配偶者の標準報酬月額を当該特定被保険者の標準報酬月額に当事者が合意した按分割合に基づいて算出した割合を乗じて得た額にそれぞれ改定し、及び決定することができる。

D　老齢厚生年金の受給権者について、分割の規定により標準報酬の改定又は決定が行われたときの年金額の改定は、当該請求があった日の属する月の翌月分から行われる。

E　原則として、離婚が成立した日等の翌日から起算して2年を経過したときは、被扶養配偶者からの特定期間に係る被保険者期間の標準報酬の改定及び決定の請求を行うことができない。

145　第5章　保険給付

解答 234　C

A　○　則78条の14／P178　社労士24P－▼
　　記述の通り正しい。

B　○　法78条の14、H16法附則49条／P178　社労士24P88▼
　　記述の通り正しい。

C　×　法78条の14／P180　社労士24P88▼
　　本肢の場合、当該特定被保険者及び被扶養配偶者の標準報酬月額を当
　　該特定被保険者の標準報酬月額に「２分の１」を乗じて得た額にそれぞ
　　れ改定し、及び決定することができる。

D　○　法78条の18／P182　社労士24P88▼
　　記述の通り正しい。

E　○　則78条の17／P179　社労士24P87▼
　　記述の通り正しい。

保険給付　第5章　146

問題 235 令0203　　□□□□□□□

　厚生年金保険法に関する次のアからオの記述のうち、正しいものの組合せは、後記AからEまでのうちどれか。

　ア　厚生年金保険の保険料は、被保険者の資格を取得した月についてはその期間が1日でもあれば徴収されるが、資格を喪失した月については徴収されない。よって月末日で退職したときは退職した日が属する月の保険料は徴収されない。

　イ　特定被保険者が死亡した日から起算して1か月以内に被扶養配偶者（当該死亡前に当該特定被保険者と3号分割標準報酬改定請求の事由である離婚又は婚姻の取消しその他厚生年金保険法施行令第3条の12の10に規定する厚生労働省令で定めるこれらに準ずるものをした被扶養配偶者に限る。）から3号分割標準報酬改定請求があったときは、当該特定被保険者が死亡した日に3号分割標準報酬改定請求があったものとみなす。

　ウ　厚生労働大臣は、滞納処分等その他の処分に係る納付義務者が滞納処分等その他の処分の執行を免れる目的でその財産について隠ぺいしているおそれがあることその他の政令で定める事情があるため、保険料その他厚生年金保険法の規定による徴収金の効果的な徴収を行う上で必要があると認めるときは、政令で定めるところにより、財務大臣に、当該納付義務者に関する情報その他必要な情報を提供するとともに、当該納付義務者に係る滞納処分等その他の処分の権限の全部又は一部を委任することができる。

　エ　日本年金機構は、滞納処分等を行う場合には、あらかじめ、厚生労働大臣の認可を受けるとともに、厚生年金保険法第100条の7第1項に規定する滞納処分等実施規程に従い、徴収職員に行わせなければならない。

147　第5章　保険給付

オ　障害等級３級の障害厚生年金の受給権者の障害の状態が障害等級に該
　当しなくなったため、当該障害厚生年金の支給が停止され、その状態の
　まま３年が経過した。その後、65歳に達する日の前日までに当該障害
　厚生年金に係る傷病により障害等級３級に該当する程度の障害の状態に
　なったとしても、当該障害厚生年金は支給されない。

　　A　（アとイ）
　　B　（アとオ）
　　C　（イとウ）
　　D　（ウとエ）
　　E　（エとオ）

解答 235　D　（ウとエ）

ア　×　法81条／P40　社労士24P18▼

　　本肢は月末日に適用事業所を退職し、その翌日である翌月１日が被保険者資格の喪失日となる。この場合、資格喪失日の属する月の前月（退職した日の属する月）までの保険料が徴収される。

イ　×　令３条の12の14／P179　社労士24P88▼

　　特定被保険者が死亡した日から起算して１か月以内に被扶養配偶者（一定の者に限る。）から３号分割標準報酬改定請求があったときは、当該特定被保険者が死亡した日の「前日」に３号分割標準報酬改定請求があったものとみなす。

ウ　○　法100条の５／P52　社労士24P23▼

　　記述の通り正しい。

エ　○　法100条の６／P51　社労士24P23▼

　　記述の通り正しい。

オ　×　法53条／P136　社労士24P61▼

　　本肢の場合、障害等級（１～３級）に該当する程度の障害の状態に該当しなくなった日から起算して障害等級に該当する程度の障害の状態に該当することなく３年を経過しているが、当該受給権者が65歳未満であるため障害厚生年金の受給権を失権しておらず、障害厚生年金が支給される。

149　第5章　保険給付

保険給付　第5章　150

第11節　保険給付の通則(2)

問題 236　平3007 B　□□□□□□□

厚生年金保険法に基づく保険料率は、国民の生活水準、賃金その他の諸事情に著しい変動が生じた場合には、変動後の諸事情に応ずるため、速やかに改定の措置が講ぜられなければならない。

問題 237　O　　　R　　□□□□□□□

新規裁定者に係る再評価率については、毎年度、名目手取り賃金変動率を基準として改定し、当該年度の8月以降の保険給付について適用する。

問題 238　O　　　R　　□□□□□□□

受給権者が、65歳に達した日の属する年度の初日の属する年の3年後の年の4月1日の属する年度以後において適用される基準年度以後再評価率の改定については、名目手取り賃金変動率を基準とする。

問題 239　平3009 C　□□□□□□□

保険給付の受給権者が死亡した場合において、その死亡した者に支給すべき保険給付でまだその者に支給しなかったものがあるときは、その者の死亡の当時その者と生計を同じくしていた者であれば、その者の配偶者、子、父母、孫、祖父母、兄弟姉妹に限り、自己の名で、その未支給の保険給付の支給を請求することができる。

151　第5章　保険給付

第11節　保険給付の通則(2)

解答 236 ×　法２条の２／P183　社労士24P77▼

　「年金たる保険給付の額」は、国民の生活水準、賃金その他の諸事情に著しい変動が生じた場合には、変動後の諸事情に応ずるため、速やかに改定の措置が講ぜられなければならない。

解答 237 ×　法43条の２／P183　社労士24P77▼

　新規裁定者に係る再評価率については、毎年度、名目手取り賃金変動率を基準として改定し、当該年度の「４月」以降の保険給付について適用する。

解答 238 ×　法43条の３／P183　社労士24P77▼

　受給権者が、65歳に達した日の属する年度の初日の属する年の３年後の年の４月１日の属する年度（基準年度）以後において適用される再評価率（基準年度以後再評価率）の改定については、「物価変動率（物価変動率が名目手取り賃金変動率を上回るときは、名目手取り賃金変動率)」を基準とする。

解答 239 ×　法37条／P186　社労士24P78▼

　保険給付の受給権者が死亡した場合において、その死亡した者に支給すべき保険給付でまだその者に支給しなかったものがあるときは、その者の死亡の当時その者と生計を同じくしていた者であれば、その者の配偶者、子、父母、孫、祖父母、兄弟姉妹「又はこれらの者以外の３親等内の親族」は、自己の名で、その未支給の保険給付の支給を請求することができる。

保険給付　第5章　152

問題 240　令0410 E　　　□□□□□□□

　保険給付の受給権者が死亡し、その死亡した者に支給すべき保険給付でまだその者に支給しなかったものがあるときにおいて、未支給の保険給付を受けるべき同順位者が2人以上あるときは、その1人のした請求は、全員のためその全額につきしたものとみなし、その1人に対しての支給は、全員に対してしたものとみなされる。

問題 241　令0109 A　　　□□□□□□□

　夫の死亡により、前妻との間に生まれた子（以下「夫の子」という。）及び後妻に遺族厚生年金の受給権が発生した。その後、後妻が死亡した場合において、死亡した後妻に支給すべき保険給付でまだ後妻に支給しなかったものがあるときは、後妻の死亡当時、後妻と生計を同じくしていた夫の子であって、後妻の死亡によって遺族厚生年金の支給停止が解除された当該子は、自己の名で、その未支給の保険給付の支給を請求することができる。

153　第5章　保険給付

解答 240 　○　　法37条／P186　社労士24P78▼

記述の通り正しい。

解答 241 　○　　法37条／P187　社労士24P －▼

死亡した者が遺族厚生年金の受給権者である妻であったときは、その者の死亡の当時その者と生計を同じくしていた被保険者又は被保険者であった者の子であって、その者の死亡によって遺族厚生年金の支給の停止が解除されたものは、未支給の保険給付の請求権者となる子とみなす。

問題 242　令0401　☐☐☐☐☐☐☐

　次のアからオの記述のうち、厚生年金保険法第38条第1項及び同法附則第17条の規定によってどちらか一方の年金の支給が停止されるものの組合せとして正しいものはいくつあるか。ただし、いずれも、受給権者は65歳に達しているものとする。

　　ア　老齢基礎年金と老齢厚生年金
　　イ　老齢基礎年金と障害厚生年金
　　ウ　障害基礎年金と老齢厚生年金
　　エ　障害基礎年金と遺族厚生年金
　　オ　遺族基礎年金と障害厚生年金
　　　　A　一つ
　　　　B　二つ
　　　　C　三つ
　　　　D　四つ
　　　　E　五つ

問題 243　平2902 B　☐☐☐☐☐☐☐

　昭和27年4月2日生まれの遺族厚生年金の受給権者が65歳に達し、老齢厚生年金の受給権を取得した場合、当該遺族厚生年金は、当該老齢厚生年金の額（加給年金額が加算されている場合は、その額を除く。）に相当する部分の支給が停止される。

問題 244　令0201 B　☐☐☐☐☐☐☐

　年金たる保険給付は、厚生年金保険法の他の規定又は同法以外の法令の規定によりその額の一部につき支給を停止されている場合は、その受給権者の申出により、停止されていない部分の額の支給を停止することとされている。

155　第5章　保険給付

解答 242　B　二つ　法38条、附則17条／P187・188　社労士24 P79▼

「ア、ウ、エ」は、併給することができる。

解答 243　○　法64条の2／P188　社労士24 P79▼

　本肢の場合、老齢厚生年金を優先し、遺族厚生年金の支給額については、老齢厚生年金の年金額との差額となる。

解答 244　○　法38条の2／P190　社労士24 P80▼

　記述の通り正しい。

保険給付　第5章　156

問題 245　平2603 A　☐☐☐☐☐☐☐

　受給権者の申出による年金たる保険給付の支給停止について、この申出は、老齢基礎年金と老齢厚生年金のような支給事由が同一の年金がある場合には同時に行わなければならない。

問題 246　平2506 A　☐☐☐☐☐☐☐

　障害等級1級又は2級の障害厚生年金の受給権者が、新たに障害等級1級又は2級に該当する障害を受け、厚生年金保険法第48条第1項の規定に基づいて、前後の障害を併合した障害の程度による新たな障害厚生年金の受給権を取得した場合、従前の障害厚生年金の受給権が消滅した月の翌月以後の分として、従前の障害厚生年金の支払が行われたときは、その支払われた従前の障害厚生年金は、新たな障害厚生年金の内払とみなす。

問題 247　平2506 B　☐☐☐☐☐☐☐

　遺族厚生年金の受給権者が障害厚生年金の受給権を取得し、障害厚生年金の支給を選択した場合において、遺族厚生年金の支給を停止すべき事由が生じた月の翌月以後の分として遺族厚生年金の支払が行われたときは、その支払われた遺族厚生年金は、障害厚生年金の内払とみなす。

問題 248　平2506 C　☐☐☐☐☐☐☐

　老齢厚生年金の受給権者に対し、在職老齢年金の仕組みにより、年金の支給を停止すべき事由が生じたにもかかわらず、その停止すべき期間の分として年金が支払われたときは、その支払われた年金は、その後に支払うべき年金の内払とみなすことができる。

157　第5章　保険給付

解答 245 ✕ 　法38条の2／P190　社労士24 P80▼

　本肢の支給停止の申出については、支給事由が同一の年金がある場合には同時に行わなければならないといった規定は存在しない。

解答 246 ◯ 　法39条／P191　社労士24 P80▼

　記述の通り正しい。

解答 247 ◯ 　法39条／P191　社労士24 P80▼

　記述の通り正しい。

解答 248 ◯ 　法39条／P191　社労士24 P80▼

　記述の通り正しい。

問題 249　平2302 E　　□□□□□□□

　障害厚生年金の受給権者が死亡したにもかかわらず、当該障害厚生年金の給付に過誤払いが生じた場合、返還金請求権に係る債務を弁済すべき者に支払うべき老齢厚生年金の支払金の金額を当該過誤払いによる返還金債権の金額に充当することができる。

問題 250　平2902 D　　□□□□□□□

　政府等は、第三者の行為によって生じた事故により保険給付を行ったときは、その給付の価額の限度で、受給権者が第三者に対して有する損害賠償の請求権を取得する。また、政府等は、受給権者が当該第三者から同一の事由について損害賠償を受けたときは、その価額の限度で、保険給付をしないことができる。

問題 251　令0205 D　　□□□□□□□

　障害厚生年金の保険給付を受ける権利は、国税滞納処分による差し押さえはできない。

問題 252　令0205 E　　□□□□□□□

　老齢厚生年金の保険給付として支給を受けた金銭を標準として、租税その他の公課を課することはできない。

159　第5章　保険給付

解答 249　×　法39条の2、則89条の2／P192　社労士24 P81▼

　障害厚生年金の受給権者が死亡したにもかかわらず、当該障害厚生年金の給付に過誤払が生じた場合、返還金請求権に係る債務を弁済すべき者に支払うべき「遺族厚生年金（当該障害厚生年金と同一の実施機関が支給するものに限る。）」の支払金の金額を当該過誤払による返還金債権の金額に充当することができる。

解答 250　○　法40条／P193　社労士24 P81▼

　記述の通り正しい。

解答 251　○　法41条／P194　社労士24 P82▼

　記述の通り正しい。

解答 252　×　法41条／P194　社労士24 P82▼

　老齢厚生年金については、租税その他の公課の対象となる。

保険給付　第5章　160

第13節　二以上の種別の被保険者であった期間を有する者の特例 ——

問題 253　O　　　R　　　□□□□□□□

　厚生年金保険法に関する次のアからオの記述のうち、誤っているものの組合せは、後記AからEまでのうちどれか。

ア　被保険者であった者が、被保険者の資格を喪失した後に、被保険者であった間に初診日がある傷病により当該初診日から起算して5年を経過する日前に死亡したときは、死亡した者が遺族厚生年金の保険料納付要件を満たしていれば、死亡の当時、死亡した者によって生計を維持していた一定の遺族に遺族厚生年金が支給される。

イ　老齢基礎年金の受給資格期間を満たしている60歳以上65歳未満の者であって、特別支給の老齢厚生年金の生年月日に係る要件を満たす者が、特別支給の老齢厚生年金の受給開始年齢に到達した日において第1号厚生年金被保険者期間が9か月しかなかったため特別支給の老齢厚生年金を受給することができなかった。この者が、特別支給の老齢厚生年金の受給開始年齢到達後に第3号厚生年金被保険者の資格を取得し、当該第3号厚生年金被保険者期間が3か月になった場合は、特別支給の老齢厚生年金を受給することができる。なお、この者は上記期間以外に被保険者期間はないものとする。

ウ　2つの被保険者の種別に係る被保険者であった期間を有する者に、一方の被保険者の種別に係る被保険者であった期間に基づく老齢厚生年金と他方の被保険者の種別に係る被保険者であった期間に基づく老齢厚生年金の受給権が発生した。当該2つの老齢厚生年金の受給権発生日が異なり、加給年金額の加算を受けることができる場合は、遅い日において受給権を取得した種別に係る老齢厚生年金においてのみ加給年金額の加算を受けることができる。

161　第5章　保険給付

第13節　二以上の種別の被保険者であった期間を有する者の特例 ──

エ　障害厚生年金は、その傷病が治らなくても、初診日において被保険者であり、初診日から１年６か月を経過した日において障害等級に該当する程度の状態であって、保険料納付要件を満たしていれば支給対象となるが、障害手当金は、初診日において被保険者であり、保険料納付要件を満たしていたとしても、初診日から起算して５年を経過する日までの間に、その傷病が治っていなければ支給対象にならない。

オ　遺族厚生年金は、被保険者の死亡当時、当該被保険者によって生計維持されていた55歳以上の夫が受給権者になることはあるが、子がいない場合は夫が受給権者になることはない。

　　　A　（アとウ）
　　　B　（アとエ）
　　　C　（イとエ）
　　　D　（イとオ）
　　　E　（ウとオ）

解答 253　E　（ウとオ）

ア　○　法58条／P139　社労士24 P63▼

　　記述の通り正しい。

イ　○　法附則20条／P196　社労士24 P90▼

　　二以上の種別の被保険者であった期間を有する者について、特別支給
の老齢厚生年金の支給要件の規定は、それぞれの種別に係る被保険者期
間ごとに適用する。ただし、「1年以上の被保険者期間を有すること」は、
二以上の被保険者の種別に係る被保険者期間を合算して判定する。した
がって、本肢の場合「被保険者期間12か月」となり要件を満たす。

ウ　×　令3条の13／P196　社労士24 P90▼

　　二以上の期間に基づく老齢厚生年金の受給権を有する場合は、「最初
に受給権を取得した一の期間に基づく老齢厚生年金」に加給年金額の加
算が行われる。

エ　○　法47条、55条／P121・122・137　社労士24 P54・55・62▼

　　記述の通り正しい。

オ　×　法59条／P142　社労士24 P64▼

　　本肢の夫は、子がいない場合であっても遺族厚生年金の受給権者にな
ることがある。

163　第5章　保険給付

保険給付　第5章　164

問題 254　令0309 B　□□□□□□□

　昭和33年4月10日生まれの男性は、第1号厚生年金被保険者として4年、第2号厚生年金被保険者として40年加入してきた（これらの期間以外被保険者期間は有していないものとする。）。当該男性は、厚生年金保険の被保険者でなければ、63歳から定額部分と報酬比例部分の特別支給の老齢厚生年金が支給される。

問題 255　令0409 D　□□□□□□□

　2つの種別の厚生年金保険の被保険者期間を有する者が、老齢厚生年金の支給繰下げの申出を行う場合、両種別の被保険者期間に基づく老齢厚生年金の繰下げについて、申出は同時に行わなければならない。

問題 256　平2806 D　□□□□□□□

　障害厚生年金の受給権者であって、当該障害に係る障害認定日において2以上の種別の被保険者であった期間を有する者に係る当該障害厚生年金の支給に関する事務は、当該障害に係る障害認定日における被保険者の種別に応じた実施機関が行う。

問題 257　平3010 A　□□□□□□□

　障害等級1級の障害厚生年金の受給権者（厚生年金保険法第58条第1項第4号に規定するいわゆる長期要件には該当しないものとする。）が死亡し、その者が2以上の被保険者の種別に係る被保険者であった期間を有していた場合、遺族厚生年金の額については、その死亡した者に係る2以上の被保険者の種別に係る被保険者であった期間を合算し、1の被保険者の種別に係る被保険者であった期間に係る被保険者期間のみを有するものとみなして額の計算をする。なお、それぞれの期間を合算しても300か月に満たない場合は、300か月として計算する。

165　第5章　保険給付

解答 254 ×　法附則20条／P197　社労士24P－▼

　二以上の種別の被保険者であった期間を有する者について、長期加入者の特例の請求の規定を適用する場合、それぞれの種別に係る被保険者期間ごとに適用する。したがって、「被保険者期間44年以上」の要件は、各号の厚生年金被保険者期間ごとに判定し、本肢の場合、63歳から定額部分と報酬比例部分の特別支給の老齢厚生年金は支給されない。

解答 255　○　法78条の28／P198　社労士24P91▼

　記述の通り正しい。

解答 256 ×　法78条の33／P199　社労士24P89▼

　二以上の種別の被保険者であった期間を有する者の障害厚生年金及び障害手当金の支給に関する事務は、政令で定めるところにより、当該障害に係る「初診日」における被保険者の種別に応じて、当該「初診日」に係る実施機関が支給を行うものとされる。

解答 257　○　法78条の32／P200　社労士24P91▼

　二以上の種別の被保険者であった期間を有する者の遺族に係る短期要件の遺族厚生年金の額については、死亡した者に係る二以上の被保険者の種別に係る被保険者であった期間を合算し、一の期間に係る被保険者期間のみを有するものとみなして、遺族厚生年金の額の計算及びその支給停止に関する規定その他政令で定める規定を適用する。

保険給付　第5章　166

問題 258　令0205C　□□□□□□□

　第1号厚生年金被保険者期間と第2号厚生年金被保険者期間を有する者について、第1号厚生年金被保険者期間に基づく老齢厚生年金と、第2号厚生年金被保険者期間に基づく老齢厚生年金は併給される。

問題 259　令0306B　□□□□□□□ ☆

　事故が第三者の行為によって生じた場合において、2以上の種別の被保険者であった期間を有する者に係る保険給付の受給権者が、当該第三者から同一の事由について損害賠償を受けたときは、政府及び実施機関（厚生労働大臣を除く。）は、その価額をそれぞれの保険給付の価額に応じて按分した価額の限度で、保険給付をしないことができる。

167　第5章　保険給付

解答 258 ○ 法78条の22 ／ P 203 社労士24 P 92▼

　各号の厚生年金被保険者期間のうち二以上の種別の被保険者であった期間を有する者であって、一の期間に基づく年金たる保険給付と同一の支給事由に基づく当該一の被保険者の種別と異なる他の期間に基づく年金たる保険給付を受けることができるものについては、それぞれの年金たる保険給付は併給される。

解答 259 ○ 法78条の25 ／ P 203 社労士24 P －▼

　記述の通り正しい。

保険給付　第5章　168

第1節　事業主・被保険者の届出等

問題 260　令0502 E　🆕 ☐☐☐☐☐☐☐

　適用事業所の事業主は、被保険者（船員被保険者を除く。）の資格の取得に関する事項を厚生労働大臣に届け出なければならないが、この届出は、当該事実があった日から５日以内に、所定の届書等を日本年金機構に提出することによって行うものとされている。

問題 261　令0302 C ☐☐☐☐☐☐☐

　第１号厚生年金被保険者（船員被保険者を除く。）の資格喪失の届出が必要な場合は、当該事実があった日から10日以内に、所定の届書又は所定の届書に記載すべき事項を記録した光ディスクを日本年金機構に提出しなければならない。

問題 262　令0302 E ☐☐☐☐☐☐☐

　老齢厚生年金の受給権を取得することにより、適用事業所に使用される高齢任意加入被保険者が資格を喪失した場合には、資格喪失の届出は必要ない。

問題 263　令0209 B ☐☐☐☐☐☐☐

　第１号厚生年金被保険者に係る適用事業所の事業主は、被保険者が70歳に到達し、引き続き当該事業所に使用されることにより70歳以上の使用される者の要件（厚生年金保険法施行規則第10条の４の要件をいう。）に該当する場合であって、当該者の標準報酬月額に相当する額が70歳到達日の前日における標準報酬月額と同額である場合は、70歳以上被用者該当届及び70歳到達時の被保険者資格喪失届を省略することができる。

169　第6章　届出・不服申立て・時効その他

第1節　事業主・被保険者の届出等

解答 260 ○　法27条、則15条／P207　社労士24P93▼

記述の通り正しい。

解答 261 ×　則22条／P207　社労士24P93▼

本肢については、「10日以内」ではなく「5日以内」である。

解答 262 ○　則22条／P207　社労士24P93▼

記述の通り正しい。

解答 263 ○　則15条の2、22条／P208　社労士24P93▼

記述の通り正しい。

届出・不服申立て・時効その他　第6章　170

問題 264　令0202 D　　□□□□□□□

　適用事業所の事業主（船舶所有者を除く。）は、廃止、休止その他の事情により適用事業所に該当しなくなったときは、原則として、当該事実があった日から５日以内に、所定の事項を記載した届書を日本年金機構に提出しなければならない。

問題 265　O　　　R　　□□□□□□□

　事業主は、適用事業所に使用される高齢任意加入被保険者に係る保険料の負担及び納付についての同意を撤回したときは、５日以内に、所定の事項を記載した届書を日本年金機構に提出しなければならない。なお、本肢は第１号厚生年金被保険者に係る事業主に関する問題とする。

問題 266　令0104 D　　□□□□□□□

　初めて適用事業所（第１号厚生年金被保険者に係るものに限る。）となった事業所の事業主は、当該事実があった日から５日以内に日本年金機構に所定の事項を記載した届書を提出しなければならないが、それが船舶所有者の場合は10日以内に提出しなければならないとされている。

問題 267　平2904 E　　□□□□□□□

　第１号厚生年金被保険者に係る適用事業所の事業主は、厚生年金保険に関する書類を原則として、その完結の日から２年間、保存しなければならないが、被保険者の資格の取得及び喪失に関するものについては、保険給付の時効に関わるため、その完結の日から５年間、保存しなければならない。

171　第6章　届出・不服申立て・時効その他

解答 264 ○ 則13条の2／P 209 社労士24 P 94▼

記述の通り正しい。

解答 265 × 則22条の4／P 209 社労士24 P 94▼

本肢の場合、「10日以内」に提出するものとされる。

解答 266 ○ 則13条／P 209・212 社労士24 P 94▼

記述の通り正しい。

解答 267 × 則28条／P 211 社労士24 P 94▼

本肢後段については、「5年間」ではなく「2年間」である。

問題 268　令0302D　□□□□□□□ ☆

　　船員被保険者の資格喪失の届出が必要な場合は、当該事実があった日から14日以内に、被保険者の氏名など必要な事項を記載した届書を日本年金機構に提出しなければならない。

問題 269　令0206C　□□□□□□□ ☆

　　船舶所有者による船員被保険者の資格の取得の届出については、船舶所有者は船長又は船長の職務を行う者を代理人として処理させることができる。

問題 270　令0206D　□□□□□□□

　　船舶所有者は、船舶が適用事業所に該当しなくなったときは、当該事実があった日から5日以内に、所定の事項を記載した届書を提出しなければならない。

問題 271　令0502A　㊟　□□□□□□□

　　船舶所有者は、その住所に変更があったときは、5日以内に、所定の届書を日本年金機構に提出しなければならない。

問題 272　令0202A　□□□□□□□

　　第1号厚生年金被保険者は、同時に2以上の事業所に使用されるに至ったときは、その者に係る日本年金機構の業務を分掌する年金事務所を選択し、2以上の事業所に使用されるに至った日から5日以内に、所定の事項を記載した届書を日本年金機構に提出しなければならない。

173　第6章　届出・不服申立て・時効その他

解答 268　×　　則22条／P211　社労士24P94▼

　本肢については、「14日以内」ではなく「10日以内」である。

解答 269　○　　則29条の2／P211　社労士24P－▼

　記述の通り正しい。

解答 270　×　　則13条の2／P212　社労士24P94▼

　船舶所有者は、船舶が適用事業所に該当しなくなったときは、当該事実が
あった日から「10日」以内に、所定の事項を記載した届書を提出しなければ
ならない。

解答 271　×　　則23条／P212　社労士24P94▼

　船舶所有者は、その住所に変更があったときは、「速やかに」、所定の届書
を日本年金機構に提出しなければならない。

解答 272　×　　則1条／P212　社労士24P95▼

　本肢の場合「10日以内」に、所定の事項を記載した届書を日本年金機構に
提出しなければならない。

届出・不服申立て・時効その他　第6章　174

問題 273　令0502 B　新　☐☐☐☐☐☐☐

　住民基本台帳法第30条の9の規定により、厚生労働大臣が機構保存本人確認情報の提供を受けることができない被保険者（適用事業所に使用される高齢任意加入被保険者又は第4種被保険者等ではないものとする。）は、その氏名を変更したときは、速やかに、変更後の氏名を事業主に申し出なければならない。

問題 274　令0403 C　☐☐☐☐☐☐☐

　適用事業所に使用されている第1号厚生年金被保険者である者は、いつでも、当該被保険者の資格の取得に係る厚生労働大臣の確認を請求することができるが、当該被保険者であった者が適用事業所に使用されなくなった後も同様に確認を請求することができる。

問題 275　平2810 A　☐☐☐☐☐☐☐

　第1号厚生年金被保険者の資格の取得及び喪失に係る厚生労働大臣の確認は、事業主による届出又は被保険者若しくは被保険者であった者からの請求により、又は職権で行われる。

175　第6章　届出・不服申立て・時効その他

解答 273 ○ 則6条／P212 社労士24P－▼

記述の通り正しい。

解答 274 ○ 法31条／P213 社労士24P－▼

記述の通り正しい。

解答 275 ○ 法18条／P213 社労士24P95▼

記述の通り正しい。

問題 276　令0402　　　□□□□□□□

適用事業所に使用される高齢任意加入被保険者（以下本問において「当該被保険者」という。）に関する次の記述のうち、正しいものはどれか。

A　当該被保険者を使用する適用事業所の事業主が、当該被保険者に係る保険料の半額を負担し、かつ、当該被保険者及び自己の負担する保険料を納付する義務を負うことにつき同意をしたときを除き、当該被保険者は保険料の全額を負担するが、保険料の納付義務は当該被保険者が保険料の全額を負担する場合であっても事業主が負う。

B　当該被保険者に係る保険料の半額を負担し、かつ、当該被保険者及び自己の負担する保険料を納付する義務を負うことにつき同意をした適用事業所の事業主は、厚生労働大臣の認可を得て、将来に向かって当該同意を撤回することができる。

C　当該被保険者が保険料（初めて納付すべき保険料を除く。）を滞納し、厚生労働大臣が指定した期限までにその保険料を納付しないときは、厚生年金保険法第83条第1項に規定する当該保険料の納期限の属する月の末日に、その被保険者の資格を喪失する。なお、当該被保険者の事業主は、保険料の半額を負担し、かつ、当該被保険者及び自己の負担する保険料を納付する義務を負うことについて同意していないものとする。

D　当該被保険者の被保険者資格の取得は、厚生労働大臣の確認によってその効力を生ずる。

E　当該被保険者が、実施機関に対して当該被保険者資格の喪失の申出をしたときは、当該申出が受理された日の翌日（当該申出が受理された日に更に被保険者の資格を取得したときは、その日）に被保険者の資格を喪失する。

177　第6章　届出・不服申立て・時効その他

解答 276　E

A　×　法附則４条の３／P42　社労士24 P19▼
　　保険料の納付義務は、当該被保険者（適用事業所に使用される高齢任
　意加入被保険者）が保険料の全額を負担する場合は、「当該被保険者が
　負う」。

B　×　法附則４条の３／P42　社労士24 P19▼
　　本肢の同意をした適用事業所の事業主は、「当該被保険者の同意を得
　て」、将来に向かって本肢の同意を撤回することができる。

C　×　法附則４条の３／P21　社労士24 P9▼
　　本肢の場合、当該保険料の納期限の属する月の「前月」の末日に、そ
　の被保険者の資格を喪失する。

D　×　法附則４条の３、令６条／P214　社労士24 P95▼
　　本肢の高齢任意加入被保険者の資格の取得にあっては、確認は行われ
　ない。

E　○　法附則４条の３／P21　社労士24 P9▼
　　記述の通り正しい。

届出・不服申立て・時効その他　第6章　178

問題 277　令0306 A　□□□□□□□

　　第1号厚生年金被保険者であり、又は第1号厚生年金被保険者であった者
は、厚生労働大臣において備えている被保険者に関する原簿（以下本問にお
いて「厚生年金保険原簿」という。）に記録された自己に係る特定厚生年金
保険原簿記録（第1号厚生年金被保険者の資格の取得及び喪失の年月日、標
準報酬その他厚生労働省令で定める事項の内容をいう。以下本問において同
じ。）が事実でない、又は厚生年金保険原簿に自己に係る特定厚生年金保険
原簿記録が記録されていないと思料するときは、厚生労働省令で定めるとこ
ろにより、厚生労働大臣に対し、厚生年金保険原簿の訂正の請求をすること
ができる。

問題 278　令0208 C　□□□□□□□☆

　　厚生労働大臣は、適用事業所以外の事業所に使用される70歳未満の者を厚
生年金保険の被保険者とする認可を行ったときは、その旨を当該被保険者に
通知しなければならない。

第2節　年金受給権者の確認等・手続

問題 279　令0502 C　新　□□□□□□□☆

　　受給権者又は受給権者の属する世帯の世帯主その他その世帯に属する者
は、厚生労働省令の定めるところにより、厚生労働大臣に対し、厚生労働省
令の定める事項を届け出、かつ、厚生労働省令の定める書類その他の物件を
提出しなければならない。

179　第6章　届出・不服申立て・時効その他

解答 277 ◯ 法28条の2／P216 社労士24 P96▼

記述の通り正しい。

解答 278 × 法29条／P217 社労士24 P95▼

本肢の通知は「事業主」に行わなければならない。

第2節 年金受給権者の確認等・手続 ─────────

解答 279 ◯ 法98条／P218 社労士24 P－▼

記述の通り正しい。

問題 280　令0106 B　　☐☐☐☐☐☐☐☐ ☆

　老齢厚生年金の受給権者の属する世帯の世帯主その他その世帯に属する者は、当該受給権者の所在が３か月以上明らかでないときは、速やかに、所定の事項を記載した届書を日本年金機構に提出しなければならないとされている。

問題 281　令0208 A　　☐☐☐☐☐☐☐☐ ☆

　厚生労働大臣は、毎月、住民基本台帳法第30条の９の規定による老齢厚生年金の受給権者に係る機構保存本人確認情報の提供を受け、必要な事項について確認を行うが、当該受給権者の生存若しくは死亡の事実が確認されなかったとき（厚生年金保険法施行規則第35条の２第１項に規定する場合を除く。）又は必要と認めるときには、当該受給権者に対し、当該受給権者の生存の事実について確認できる書類の提出を求めることができる。

問題 282　令0108 A　　☐☐☐☐☐☐☐

　厚生労働大臣は、住民基本台帳法第30条の９の規定による遺族厚生年金の受給権者に係る機構保存本人確認情報の提供を受けることができない場合には、当該受給権者に対し、所定の事項を記載し、かつ、自ら署名した届書を毎年指定日までに提出することを求めることができる。

問題 283　平3001 D　　☐☐☐☐☐☐☐

　加給年金額の対象者がある障害厚生年金の受給権者（当該障害厚生年金は支給が停止されていないものとする。）は、原則として、毎年、厚生労働大臣が指定する日（以下「指定日」という。）までに、加給年金額の対象者が当該受給権者によって生計を維持している旨等の所定の事項を記載し、かつ、自ら署名した届書を、日本年金機構に提出しなければならないが、当該障害厚生年金の裁定が行われた日以後１年以内に指定日が到来する年は提出を要しない。なお、当該障害厚生年金の受給権者は、第１号厚生年金被保険者期間のみを有するものとする。

解答 280 × 則40条の２／P218 社労士24P97▼

　本肢の届書は、受給権者の所在が「１か月」以上明らかでないときに提出しなければならない。

解答 281 ○ 則35条／P219 社労士24P－▼

　記述の通り正しい。

解答 282 ○ 則68条の２／P219 社労士24P97▼

　記述の通り正しい。

解答 283 ○ 則51条の３／P219 社労士24P97▼

　記述の通り正しい。

問題 284　O　　R　　□□□□□□□

　　障害厚生年金の受給権者（当該障害厚生年金の全額が支給停止されている者を除く。）であって、その障害の程度の診査が必要であると認めて厚生労働大臣が指定したものは、厚生労働大臣が指定した年において、指定日までに、指定日前１年以内に作成されたその障害の現状に関する医師又は歯科医師の診断書を日本年金機構に提出しなければならない。なお、本肢は第１号厚生年金被保険者期間に基づく保険給付の受給権者に関する問題とする。

解答 284 × 則51条の4／P220 社労士24P97▼

本肢については、「1年以内」ではなく「3か月以内」である。

届出・不服申立て・時効その他 第6章 184

問題 285　平2509　　□□□□□□□

　厚生年金保険法に基づく次のアからカの届出について、5日以内に届け出なければならないとされているものの組合せは、後記AからEまでのうちどれか。なお、本肢は第1号厚生年金被保険者、第1号厚生年金被保険者に係る事業主及び第1号厚生年金被保険者期間に基づく保険給付の受給権者に関する問題とする。

　ア　事業主が被保険者から住所変更の申出を受けたときの「被保険者の住所変更の届出」

　イ　被保険者又は70歳以上の使用される者が、同時に2以上の事業所に使用されるに至ったときの「2以上の事業所勤務の届出」

　ウ　事業主が被保険者（船員被保険者を除く。）に賞与を支払ったときの「賞与額の届出」

　エ　被保険者（船員被保険者を除く。）が厚生年金保険法第23条に基づく改定（いわゆる随時改定）に該当したときの「報酬月額変更の届出」

　オ　老齢厚生年金の受給権者（一定の者を除く。）がその氏名を変更したときの「氏名変更の届出」

　カ　事業主に変更があったときの、変更後の事業主による「事業主の変更の届出」

　　　A　（アとオ）
　　　B　（イとカ）
　　　C　（ウとエ）
　　　D　（ウとカ）
　　　E　（アとエ）

解答 285 D （ウとカ）

ア 則21条の2／P207　社労士24P93▼
本肢の届出期限は「速やかに」である。

イ 則2条／P212　社労士24P95▼
本肢の届出期限は「10日以内」である。

ウ 則19条の5／P206　社労士24P93▼
本肢の届出期限は「5日以内」である。

エ 則19条／P206　社労士24P93▼
本肢の届出期限は「速やかに」である。

オ 則37条／P220　社労士24P98▼
本肢の届出期限は「10日以内」である。

カ 則24条／P209　社労士24P94▼
本肢の届出期限は「5日以内」である。

問題 286 平2106 A □ □ □ □ □ □ □

老齢厚生年金の受給権者は、加給年金額の対象者である配偶者が65歳に達したとき、子(障害等級1級又は2級に該当する障害の状態にある子を除く。)が、18歳に達した日以後の最初の3月31日が終了したとき又は子が20歳に達したときは、10日以内に必要事項を記載した届書を日本年金機構に提出しなければならない。なお、本肢は第1号厚生年金被保険者期間に基づく保険給付の受給権者に関する問題とする。

問題 287 O R □ □ □ □ □ □ □

厚生労働大臣が番号利用法の規定により雇用保険被保険者番号の提供を受けることができる老齢厚生年金の受給権者は、基本手当及び高年齢雇用継続給付との調整規定により当該老齢厚生年金の支給が停止されるに至ったときは、速やかに、所定の事項を記載した届書を日本年金機構に提出しなければならない。

問題 288 令0106 D □ □ □ □ □ □ □

障害等級1級又は2級の障害の状態にある障害厚生年金の受給権者は、当該障害厚生年金の加給年金額の対象者である配偶者が65歳に達したときは、10日以内に所定の事項を記載した届書を日本年金機構に提出しなければならないとされている。

問題 289 平2304 C □ □ □ □ □ □ □

障害厚生年金の受給権者は、厚生年金保険法施行令第3条の8に定める程度の障害の状態に該当しなくなったときは、速やかに、所定の事項を記載した届書を、日本年金機構に提出しなければならない。なお、本肢は第1号厚生年金被保険者期間に基づく保険給付の受給権者に関する問題とする。

187 第6章 届出・不服申立て・時効その他

解答 286 ×　則32条／P221　社労士24P99▼

本肢の場合、届出は「不要」である。

解答 287 ×　則33条／P221　社労士24P99▼

厚生労働大臣が番号利用法の規定により雇用保険被保険者番号の提供を受けることができる場合には、本肢の届出は不要である。

解答 288 ×　則46条／P222　社労士24P99▼

本肢の届出は、配偶者が65歳に達したときは不要である。

解答 289 ○　則48条／P222　社労士24P－▼

記述の通り正しい。

届出・不服申立て・時効その他　第6章　188

問題 290　平2901 A　□□□□□□□

　障害等級２級の障害厚生年金の受給権者について、その者の障害の程度が障害等級３級に該当しない程度となったときは、障害厚生年金及び当該障害厚生年金と同一の支給事由に基づく障害基礎年金について、それぞれ個別に障害の状態に関する医師又は歯科医師の診断書を添えた障害不該当の届出を日本年金機構に提出しなければならない。

問題 291　令0201 A　□□□□□□□

　遺族厚生年金の受給権を有する障害等級１級又は２級に該当する程度の障害の状態にある子について、当該子が19歳に達した日にその事情がやんだときは、10日以内に、遺族厚生年金の受給権の失権に係る届書を日本年金機構に提出しなければならない。

問題 292　平2301 C　□□□□□□□

　遺族厚生年金の受給権者が子（障害等級に該当しないものに限る。）であるとき、当該子が18歳に達した日以後の最初の３月31日が終了して受給権を失権したときは、10日以内に失権の届書を日本年金機構に提出しなくてはならない。なお、本肢は第１号厚生年金被保険者期間に基づく保険給付の受給権者に関する問題とする。

第３節　不服申立て

問題 293　O　　R　□□□□□□□

　厚生労働大臣による保険料その他徴収金の賦課若しくは徴収の処分又は滞納処分に対する審査請求は、当該処分があったことを知った日の翌日から起算して２か月を経過したときは、することができない。

解答 290　×　　則48条／P222　社労士24P－▼

　障害厚生年金の受給権者が当該障害厚生年金と同一の支給事由に基づく障害基礎年金の受給権を有する場合において、当該受給権者が障害基礎年金の障害不該当の届出を行ったときは、障害厚生年金の障害不該当の届出を行ったものとみなす。したがって、それぞれ個別に障害不該当の届出を提出する必要はない。

解答 291　○　　則63条／P222　社労士24P99▼

　記述の通り正しい。

解答 292　×　　則63条／P222　社労士24P99▼

　遺族厚生年金の受給権者は、失権事由に該当するに至ったときは、10日以内に、失権の届書を日本年金機構に提出しなければならないが、その事由が年齢到達によるもの（障害の状態にない子について、18歳に達した日以後の最初の3月31日が終了したときなど）であるときは、失権の届書を提出することを要しない。

第3節　不服申立て

解答 293　×　　社会保険審査官及び社会保険審査会法32条
　　　　　　　　　／P224　社労士24P100▼

　厚生労働大臣による保険料その他徴収金の賦課若しくは徴収の処分又は滞納処分に対する審査請求は、当該処分があったことを知った日の翌日から起算して「3か月」を経過したときは、することができない。

届出・不服申立て・時効その他　第6章　190

問題 294　O　　R　　□□□□□□□□

　第1号厚生年金被保険者の資格に関する処分に不服がある者が、社会保険審査官に審査請求をした場合、当該請求日から3か月以内に決定がないときは、社会保険審査官が審査請求を棄却したものとみなして、社会保険審査会に対して再審査請求をすることができる。

問題 295　平2204 B　　□□□□□□□□

　厚生労働大臣による被保険者の資格又は標準報酬に関する処分が確定したときは、その処分についての不服を当該処分に基づく保険給付に関する処分についての不服の理由とすることができる。

問題 296　令0202 B　　□□□□□□□□

　厚生労働大臣による被保険者の資格に関する処分に不服がある者が行った審査請求は、時効の完成猶予及び更新に関しては、裁判上の請求とみなされる。

問題 297　平2902 C　　□□□□□□□□

　第1号厚生年金被保険者に係る厚生労働大臣による保険料の滞納処分に不服がある者は社会保険審査官に対して、また、第1号厚生年金被保険者に係る脱退一時金に関する処分に不服がある者は社会保険審査会に対して、それぞれ審査請求をすることができる。

問題 298　平2204 D　　□□□□□□□□

　厚生労働大臣による被保険者の資格、標準報酬又は保険給付に関する処分の取消しの訴えは、当該処分についての審査請求に対する社会保険審査官の決定を経る前でも、提起することができる。

191　第6章　届出・不服申立て・時効その他

解答 294 ×　法90条／Ｐ224　社労士24Ｐ100▼

　本肢については、「３か月以内」ではなく「２か月以内」である。

解答 295 ×　法90条／Ｐ224　社労士24Ｐ100▼

　被保険者の資格又は標準報酬に関する処分が確定したときは、その処分についての不服を当該処分に基づく保険給付に関する処分についての不服の理由とすることが「できない」。

解答 296 ○　法90条／Ｐ225　社労士24Ｐ100▼

　記述の通り正しい。

解答 297 ×　法91条、附則29条／Ｐ224・225　社労士24Ｐ100・101▼

　厚生労働大臣による保険料の滞納処分に不服がある者は、「社会保険審査会」に対して審査請求をすることができる。なお、本肢後段の脱退一時金については正しい。

解答 298 ×　法91条の３／Ｐ225　社労士24Ｐ100▼

　本肢の処分の取消しの訴えは、社会保険審査官の決定を経た後でなければ提起することができない。

届出・不服申立て・時効その他　第６章　192

第4節　時効その他

問題 299　平2905A ☐☐☐☐☐☐☐

　　障害手当金の給付を受ける権利は、その支給すべき事由が生じた日から2年を経過したときは、時効によって消滅する。

問題 300　令0409C ☐☐☐☐☐☐☐

　　保険給付を受ける権利に基づき支払期月ごとに支払うものとされる保険給付の支給を受ける権利については、「支払期月の翌月の初日」がいわゆる時効の起算点とされ、各起算点となる日から5年を経過したときに時効によって消滅する。

問題 301　平2408D ☐☐☐☐☐☐☐

　　実施機関は、必要があると認めるときは、年金たる保険給付の受給権者に対して、その者の身分関係、障害の状態その他受給権の消滅、年金額の改定若しくは支給の停止に係る事項に関する書類その他の物件の提出を命じ、又は当該職員をしてこれらの事項に関し受給権者に質問させることができる。

問題 302　平2408E ☐☐☐☐☐☐☐

　　受給権者に関する調査において、質問を行なう職員は、その身分を示す証票を携帯し、かつ、関係者の請求があるときは、これを提示しなければならない。

問題 303　平3009D ☐☐☐☐☐☐☐

　　実施機関は、必要があると認めるときは、障害等級に該当する程度の障害の状態にあることにより、年金たる保険給付の受給権を有し、又は厚生年金保険法第44条第1項の規定によりその者について加給年金額の加算が行われている子に対して、その指定する医師の診断を受けるべきことを命じ、又は当該職員をしてこれらの者の障害の状態を診断させることができる。

第4節　時効その他

解答 299　×　法92条／P226・227　社労士24P102▼

　　保険給付を受ける権利は、その支給すべき事由が生じた日から「5年」を
経過したとき、時効により消滅する。

解答 300　○　法92条／P226・227　社労士24P102▼

　　記述の通り正しい。

解答 301　○　法96条／P228　社労士24P－▼

　　記述の通り正しい。

解答 302　○　法96条／P228　社労士24P－▼

　　記述の通り正しい。

解答 303　○　法97条／P229　社労士24P－▼

　　記述の通り正しい。

資格の大原
社会保険労務士講座

択一式トレーニング問題集　進捗表

	目標期日		達成期日	
1 回転目	月	日	月	日
2 回転目	月	日	月	日
3 回転目	月	日	月	日
4 回転目	月	日	月	日
5 回転目	月	日	月	日
回転目	月	日	月	日
回転目	月	日	月	日
回転目	月	日	月	日
回転目	月	日	月	日
回転目	月	日	月	日

▼択一式トレーニング問題集　進捗表▼

科目　＿＿＿＿＿＿＿＿＿＿＿＿＿＿＿＿
受講番号　＿＿＿＿＿＿＿＿＿＿＿＿＿＿
氏名　＿＿＿＿＿＿＿＿＿＿＿＿＿＿＿＿

7 回転目　※制限時間は、問題数×30秒以内

【手順4】
　7回転が目安です。

問題	解答	弱点	問題	解答	弱点	問題	解答	弱点	問題	解答	弱点	問題	解答	弱点	問題	解答	弱点
001	○		051	×		101	×		151	×		201			251		
002	×		052	○		102	○		152	×		202			252		
003	×	✔	053	×		103	×		153	○		203			253		
004	○		054	○		104	×		154	×		204			254		
005	×		055	×		105	×		155	×		205			255		
006	×		056			106	×		156			206			256		
007	○					107			157			207			257		
008	×					108			158			208			258		
009	×					109			159			209			259		
010	○					110	×		160			210			260		
011	×		061	×		111	×		161			211			261		
012	×		062	×		112	×		162			212			262		
013	○		063	×		113	○		163			213			263		
014	×		064	○		114	○		164			214			264		
015	×		065	×		115	×		165			215			265		
016	×		066	×		116	×		166			216			266		
017	○		067	○		117	○	✔	167			217			267		
018	×	✔	068	×	✔	118	×		168			218			268		
019	×		069	×		119	×										
020	○		070	×		120	○										
021	×		071	○		121	×										
022	×		072	×		122	×										
023	○		073	○		123	×	✔									
024	○		074	×		124	○										
025	×		075	×		125	×										
026	×		076	×		126	×		176			226			276		
027	×		077	○		127	×		177			227			277		
028	×		078	○	✔	128	×		178			228			278		
029	○		079	×		129	×		179			229			279		
030	×		080	×		130	×		180			230			280		
031	×		081	○		131	×		181			231			281		
032	×		082	×		132	×		182			232			282		
033	×		083	×		133	×		183			233			283		
034	×		084	○		134	×		184			234			284		
035	×		085	×		135	×		185			235			285		
036	○		086	×		136	×		186			236			286		
037	×		087	×		137	×		187			237			287		
038	×		088	○		138	×		188			238			288		
039	○		089	×		139	○		189			239			289		
040	×		090	×		140	×		190			240			290		
041	×		091	×		141	×		191			241			291		
042	×		092	×	✔	142	×		192			242			292		
043	○		093	×		143	×		193			243			293		
044	×	✔	094	×		144	×		194			244			294		
045	×		095	○		145	○		195			245			295		
046	×		096	×		146	×		196			246			296		
047	○		097	×		147	×		197			247			297		
048	×		098	○		148	○		198			248			298		
049	×		099	×		149	×	✔	199			249			299		
050	×		100	○		150	×		200			250			300		

【手順1】
　解答欄に○×を記入し、答え合わせをしましょう。

【手順2】
　正誤判断を間違った問題は、弱点論点です。
弱点欄にチェックをした上で、正誤判断ができ、かつ、論点が把握できるようになるまで、繰り返し挑戦して下さい。
　理解できたら、マスを塗りつぶすなどして、弱点克服の印とします。

【手順3】
　弱点チェックをすべてつぶしたら、1回転終了です。

▼択一式トレーニング問題集　進捗表▼

科目 _____

受講番号 _____

氏名 _____

回転目 ※制限時間は、問題数×30秒以内

※全科目共通の進捗表です。
各科目の問題数に合わせてお使いください。

問題	解答	弱点	問題	解答	弱点	問題	解答	弱点	問題	解答	弱点	問題	解答	弱点	問題	解答	弱点
001			051			101			151			201			251		
002			052			102			152			202			252		
003			053			103			153			203			253		
004			054			104			154			204			254		
005			055			105			155			205			255		
006			056			106			156			206			256		
007			057			107			157			207			257		
008			058			108			158			208			258		
009			059			109			159			209			259		
010			060			110			160			210			260		
011			061			111			161			211			261		
012			062			112			162			212			262		
013			063			113			163			213			263		
014			064			114			164			214			264		
015			065			115			165			215			265		
016			066			116			166			216			266		
017			067			117			167			217			267		
018			068			118			168			218			268		
019			069			119			169			219			269		
020			070			120			170			220			270		
021			071			121			171			221			271		
022			072			122			172			222			272		
023			073			123			173			223			273		
024			074			124			174			224			274		
025			075			125			175			225			275		
026			076			126			176			226			276		
027			077			127			177			227			277		
028			078			128			178			228			278		
029			079			129			179			229			279		
030			080			130			180			230			280		
031			081			131			181			231			281		
032			082			132			182			232			282		
033			083			133			183			233			283		
034			084			134			184			234			284		
035			085			135			185			235			285		
036			086			136			186			236			286		
037			087			137			187			237			287		
038			088			138			188			238			288		
039			089			139			189			239			289		
040			090			140			190			240			290		
041			091			141			191			241			291		
042			092			142			192			242			292		
043			093			143			193			243			293		
044			094			144			194			244			294		
045			095			145			195			245			295		
046			096			146			196			246			296		
047			097			147			197			247			297		
048			098			148			198			248			298		
049			099			149			199			249			299		
050			100			150			200			250			300		

問題	解答	弱点	問題	解答	弱点	問題	解答	弱点	問題	解答	弱点	問題	解答	弱点	問題	解答	弱点
301			351			401			451			501			551			
302			352			402			452			502			552			
303			353			403			453			503			553			
304			354			404			454			504			554			
305			355			405			455			505			555			
306			356			406			456			506			556			
307			357			407			457			507			557			
308			358			408			458			508			558			
309			359			409			459			509			559			
310			360			410			460			510			560			
311			361			411			461			511			561			
312			362			412			462			512			562			
313			363			413			463			513			563			
314			364			414			464			514			564			
315			365			415			465			515			565			
316			366			416			466			516			566			
317			367			417			467			517			567			
318			368			418			468			518			568			
319			369			419			469			519			569			
320			370			420			470			520			570			
321			371			421			471			521			571			
322			372			422			472			522			572			
323			373			423			473			523			573			
324			374			424			474			524			574			
325			375			425			475			525			575			
326			376			426			476			526			576			
327			377			427			477			527			577			
328			378			428			478			528			578			
329			379			429			479			529			579			
330			380			430			480			530			580			
331			381			431			481			531			581			
332			382			432			482			532			582			
333			383			433			483			533			583			
334			384			434			484			534			584			
335			385			435			485			535			585			
336			386			436			486			536			586			
337			387			437			487			537			587			
338			388			438			488			538			588			
339			389			439			489			539			589			
340			390			440			490			540			590			
341			391			441			491			541			591			
342			392			442			492			542			592			
343			393			443			493			543			593			
344			394			444			494			544			594			
345			395			445			495			545			595			
346			396			446			496			546			596			
347			397			447			497			547			597			
348			398			448			498			548			598			
349			399			449			499			549			599			
350			400			450			500			550			600			

▼択一式トレーニング問題集　進捗表▼

科目　_____

受講番号　_____

氏名　_____

　□　回転目　※制限時間は、問題数×30秒以内

※全科目共通の進捗表です。
各科目の問題数に合わせてお使いください。

問題	解答	弱点	問題	解答	弱点	問題	解答	弱点	問題	解答	弱点	問題	解答	弱点	問題	解答	弱点
001			051			101			151			201			251		
002			052			102			152			202			252		
003			053			103			153			203			253		
004			054			104			154			204			254		
005			055			105			155			205			255		
006			056			106			156			206			256		
007			057			107			157			207			257		
008			058			108			158			208			258		
009			059			109			159			209			259		
010			060			110			160			210			260		
011			061			111			161			211			261		
012			062			112			162			212			262		
013			063			113			163			213			263		
014			064			114			164			214			264		
015			065			115			165			215			265		
016			066			116			166			216			266		
017			067			117			167			217			267		
018			068			118			168			218			268		
019			069			119			169			219			269		
020			070			120			170			220			270		
021			071			121			171			221			271		
022			072			122			172			222			272		
023			073			123			173			223			273		
024			074			124			174			224			274		
025			075			125			175			225			275		
026			076			126			176			226			276		
027			077			127			177			227			277		
028			078			128			178			228			278		
029			079			129			179			229			279		
030			080			130			180			230			280		
031			081			131			181			231			281		
032			082			132			182			232			282		
033			083			133			183			233			283		
034			084			134			184			234			284		
035			085			135			185			235			285		
036			086			136			186			236			286		
037			087			137			187			237			287		
038			088			138			188			238			288		
039			089			139			189			239			289		
040			090			140			190			240			290		
041			091			141			191			241			291		
042			092			142			192			242			292		
043			093			143			193			243			293		
044			094			144			194			244			294		
045			095			145			195			245			295		
046			096			146			196			246			296		
047			097			147			197			247			297		
048			098			148			198			248			298		
049			099			149			199			249			299		
050			100			150			200			250			300		

問題	解答	弱点	問題	解答	弱点	問題	解答	弱点	問題	解答	弱点	問題	解答	弱点	問題	解答	弱点
301			351			401			451			501			551		
302			352			402			452			502			552		
303			353			403			453			503			553		
304			354			404			454			504			554		
305			355			405			455			505			555		
306			356			406			456			506			556		
307			357			407			457			507			557		
308			358			408			458			508			558		
309			359			409			459			509			559		
310			360			410			460			510			560		
311			361			411			461			511			561		
312			362			412			462			512			562		
313			363			413			463			513			563		
314			364			414			464			514			564		
315			365			415			465			515			565		
316			366			416			466			516			566		
317			367			417			467			517			567		
318			368			418			468			518			568		
319			369			419			469			519			569		
320			370			420			470			520			570		
321			371			421			471			521			571		
322			372			422			472			522			572		
323			373			423			473			523			573		
324			374			424			474			524			574		
325			375			425			475			525			575		
326			376			426			476			526			576		
327			377			427			477			527			577		
328			378			428			478			528			578		
329			379			429			479			529			579		
330			380			430			480			530			580		
331			381			431			481			531			581		
332			382			432			482			532			582		
333			383			433			483			533			583		
334			384			434			484			534			584		
335			385			435			485			535			585		
336			386			436			486			536			586		
337			387			437			487			537			587		
338			388			438			488			538			588		
339			389			439			489			539			589		
340			390			440			490			540			590		
341			391			441			491			541			591		
342			392			442			492			542			592		
343			393			443			493			543			593		
344			394			444			494			544			594		
345			395			445			495			545			595		
346			396			446			496			546			596		
347			397			447			497			547			597		
348			398			448			498			548			598		
349			399			449			499			549			599		
350			400			450			500			550			600		

▼択一式トレーニング問題集　進捗表▼

科目　＿＿＿＿＿＿＿＿＿＿＿＿

受講番号　＿＿＿＿＿＿＿＿＿＿＿＿

氏名　＿＿＿＿＿＿＿＿＿＿＿＿

回転目　※制限時間は、問題数×30秒以内

※全科目共通の進捗表です。
各科目の問題数に合わせてお使いください。

問題	解答	弱点	問題	解答	弱点	問題	解答	弱点	問題	解答	弱点	問題	解答	弱点	問題	解答	弱点
001			051			101			151			201			251		
002			052			102			152			202			252		
003			053			103			153			203			253		
004			054			104			154			204			254		
005			055			105			155			205			255		
006			056			106			156			206			256		
007			057			107			157			207			257		
008			058			108			158			208			258		
009			059			109			159			209			259		
010			060			110			160			210			260		
011			061			111			161			211			261		
012			062			112			162			212			262		
013			063			113			163			213			263		
014			064			114			164			214			264		
015			065			115			165			215			265		
016			066			116			166			216			266		
017			067			117			167			217			267		
018			068			118			168			218			268		
019			069			119			169			219			269		
020			070			120			170			220			270		
021			071			121			171			221			271		
022			072			122			172			222			272		
023			073			123			173			223			273		
024			074			124			174			224			274		
025			075			125			175			225			275		
026			076			126			176			226			276		
027			077			127			177			227			277		
028			078			128			178			228			278		
029			079			129			179			229			279		
030			080			130			180			230			280		
031			081			131			181			231			281		
032			082			132			182			232			282		
033			083			133			183			233			283		
034			084			134			184			234			284		
035			085			135			185			235			285		
036			086			136			186			236			286		
037			087			137			187			237			287		
038			088			138			188			238			288		
039			089			139			189			239			289		
040			090			140			190			240			290		
041			091			141			191			241			291		
042			092			142			192			242			292		
043			093			143			193			243			293		
044			094			144			194			244			294		
045			095			145			195			245			295		
046			096			146			196			246			296		
047			097			147			197			247			297		
048			098			148			198			248			298		
049			099			149			199			249			299		
050			100			150			200			250			300		

問題	解答	弱点	問題	解答	弱点	問題	解答	弱点	問題	解答	弱点	問題	解答	弱点	問題	解答	弱点
301			351			401			451			501			551		
302			352			402			452			502			552		
303			353			403			453			503			553		
304			354			404			454			504			554		
305			355			405			455			505			555		
306			356			406			456			506			556		
307			357			407			457			507			557		
308			358			408			458			508			558		
309			359			409			459			509			559		
310			360			410			460			510			560		
311			361			411			461			511			561		
312			362			412			462			512			562		
313			363			413			463			513			563		
314			364			414			464			514			564		
315			365			415			465			515			565		
316			366			416			466			516			566		
317			367			417			467			517			567		
318			368			418			468			518			568		
319			369			419			469			519			569		
320			370			420			470			520			570		
321			371			421			471			521			571		
322			372			422			472			522			572		
323			373			423			473			523			573		
324			374			424			474			524			574		
325			375			425			475			525			575		
326			376			426			476			526			576		
327			377			427			477			527			577		
328			378			428			478			528			578		
329			379			429			479			529			579		
330			380			430			480			530			580		
331			381			431			481			531			581		
332			382			432			482			532			582		
333			383			433			483			533			583		
334			384			434			484			534			584		
335			385			435			485			535			585		
336			386			436			486			536			586		
337			387			437			487			537			587		
338			388			438			488			538			588		
339			389			439			489			539			589		
340			390			440			490			540			590		
341			391			441			491			541			591		
342			392			442			492			542			592		
343			393			443			493			543			593		
344			394			444			494			544			594		
345			395			445			495			545			595		
346			396			446			496			546			596		
347			397			447			497			547			597		
348			398			448			498			548			598		
349			399			449			499			549			599		
350			400			450			500			550			600		

2024年受験対策 社労士24

効率的に学習して「24時間で。社労士に。」

時間の達人シリーズ Web通信
「24時間で インプット講義が完了。」

1テーマを約3分〜15分に分割！
スキマ時間を最大限活用可能。

開講日・受講料（消費税込）　金沢博憲 講師

「お仕事や家庭のことで時間がない」。
そのような方に合格していただきたいという思いが開発のきっかけです。コンセプトは「時間の長さ」ではなく「時間当たりの情報密度」を重視する。それが「社労士24」です。
「3時間の内容を1時間で」ご理解いただけるような講義・教材を提供いたします。

Web通信

■時間の達人シリーズ 社労士24

受講方法	教材発送日	受講料	
Web通信	8/24（木）より順次発送 （8/28（月）より講義配信開始）	**79,800円** （大学生協等割引価格 75,810円）	入学金不要

■時間の達人シリーズ 社労士24+直前対策

受講方法	教材発送日	受講料	
Web通信	8/24（木）より順次発送 （8/28（月）より講義配信開始）	**128,000円** （大学生協等割引価格 121,600円）	入学金不要

Webテストで実力確認！
科目ごとにWebテストを実施します。Webで実施するので、リアルタイムで得点を確認できます。弱点を確認して補強することで着実に実力がアップします。

全体像レクチャー
デジタルコンテンツだからこそ実現。
常に全体像が意識できる展開。

O-hara micro learning
1単元は3分から15分。
スキマ時間を最大限活用可能。

全科目 インプット講義が24時間で完了
デジタルコンテンツ活用により無駄を極限まで除去。

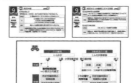

専用レクチャーテキスト
レクチャー画面と同内容のレクチャーテキストをお手元に。

レクチャー画面　同じ内容　社労士24専用レクチャーテキスト

社労士24がよく分かる！
ガイダンス・体験講義も配信！

大原 社労士24　検索

Twitter
『時間の達人　社労士試験
@Sharoushi24』

本試験前最後の最終チェックに必須！
2024年受験対策　全国統一公開模擬試験

2024年社会保険労務士試験直前の実力試しに最適な「全国統一公開模擬試験」は、大原の本試験予想問題も兼ねております。毎年、模擬試験からは本試験の的中問題も数多く出題されています。

社労士本試験直前の総仕上げと実力試しに大原の全国統一公開模擬試験！

5つの特長

1. 質の高い本試験レベルの**予想問題**
2. 本試験2回分に相当する**豊富な問題数**
3. 選択肢毎に解説の付いた**充実の解答解説冊子**付き
4. 大原人気講師による**解説講義をWeb配信**
5. 多くの受験生が利用！**全国ランキング表**付き

だから本試験前は大原の模擬試験！

過去本試験の出題傾向を大原講師陣が徹底分析して作成した予想問題による模擬試験です。高い的中率と充実の解説が毎年好評をいただいています。

■社労士試験を知り尽くした大原だから信頼度は抜群！

全国統一公開模擬試験の受験で段階的に本番力をアップ！
本番に向けて段階的に実力をアップします！

全国統一公開模擬試験Ⅰは、本試験レベルの難度の問題を、本試験と同じ時間帯で解きます。
時間配分や解く科目順番、高難度問題への対応などのシミュレーションに最適です。
全国統一公開模擬試験Ⅱでは、全国統一公開模擬試験Ⅰで見つかった課題を踏まえて受験でき、本番力完成の仕上げができます。

高難度の論点を含む本試験レベルの問題

ご自宅で受験できます！

採点を行い、個人別成績表（ランキング・総評・正答率・偏差値など）もご郵送いたします。詳細な解説冊子も付きますので安心です。

大原人気講師による解説講義をWeb配信！

大原人気講師による模擬試験の解説講義（映像）を大原ホームページでご覧いただけます。重要論点を図解を用いて解説いたします。

■全国統一公開模擬試験　実施日程

入学金不要

全国統一公開模擬試験Ⅰ　全1回	全国統一公開模擬試験Ⅰ・Ⅱセット
7月6日(土)または**7月7日(日)**	全国統一公開模擬試験Ⅰ
全国統一公開模擬試験Ⅱ　全1回	全国統一公開模擬試験Ⅱ
7月27日(土)または**7月28日(日)**	受講料の詳細は2024年3月中旬完成予定の直前対策リーフレットをご覧ください。

■案内書のご請求はフリーダイヤルで
☎0120-597-008

■最新情報はホームページで
https://www.o-hara.jp/course/sharoshi
[大原　社会保険労務士] [検索]

正誤・法改正に伴う修正について

　本書掲載内容に関する正誤・法改正に伴う修正については「資格の大原書籍販売サイト　大原ブックストア」の「正誤・改正情報」よりご確認ください。

https://www.o-harabook.jp/
資格の大原書籍販売サイト　大原ブックストア

　正誤表・改正表の掲載がない場合は、書籍名、発行年月日、お名前、ご連絡先を明記の上、下記の方法にてお問い合わせください。

お問い合わせ方法

【郵　送】　〒101-0065　東京都千代田区西神田 2 - 2 -10
　　　　　　大原出版株式会社　書籍問い合わせ係
【F A X】　03-3237-0169
【E-mail】　shopmaster@o-harabook.jp

※お電話によるお問い合わせはお受けできません。
　また、内容に関する解説指導・ご質問対応等は行っておりません。
　予めご了承ください。

合格のミカタシリーズ

2024年対策

解いて覚える！社労士 択一式トレーニング問題集⑨
厚生年金保険法

■発行年月日	2024年 3 月18日　初版発行
■著　　　者	資格の大原　社会保険労務士講座
■発　行　所	大原出版株式会社
	〒101-0065
	東京都千代田区西神田1-2-10
	TEL 03-3292-6654
■印刷・製本	セザックス株式会社

※落丁本・乱丁本はお取り替えいたします。定価はカバーに表示してあります。
ISBN978-4-86783-076-5　C2032

本書の全部または一部を無断で転載、複写（コピー）、改変、改ざん、配信、送信、ホームページ上に掲載することは、著作権法で定められた例外を除き禁止されており、権利侵害となります。上記のような使用をされる場合には、その都度事前に許諾を得てください。また、電子書籍においては、有償・無償にかかわらず本書を第三者に譲渡することはできません。

© O-HARA PUBLISHING CO., LTD 2024 Printed in Japan